山形鉄道

私、フラワー長井線「公募社長」野村浩志と申します

山形鉄道株式会社 代表取締役社長
野村浩志

ほんの木

まえがき

私は2009年4月1日から、山形県の置賜《おきたま》地方を走るローカル鉄道、山形鉄道株式会社、フラワー長井線の社長公募で、なぜか運の強さ（?）のみでその社長になってしまった野村浩志と申します。

ご多分にもれず、山形鉄道（株）は年間約1億円弱もの大赤字を出す第三セクター鉄道です。それを黒字にしたい、という希望と情熱で、私は安定したサラリーマン生活からその鉄道に飛び乗ってしまいました。こんな不況の時、先の事も考えずに、よく、「順調（?）に働いていた旅行会社を辞めて、家族にも大反対され、赤字鉄道を引き受けたね」と皆さんに言われます。「なぜ?」の答えとして、簡単に私の自己紹介を兼ねて、その理由を披露《ひろう》したいと思います。

私は旅行会社に勤務しながら、趣味で全国38都道府県で絵画展をしてきました。どんな絵を描いて、どういう活動をしているかは、後ほど紹介致します。「あとがき」の最後のページに絵画展を行った場所のリストもお見せします。

「えっ、こんなに多くの絵画展をやっているのだから、あなたは画家ですか?」と聞かれそうですが、私は、旅行会社に勤務する普通のサラリーマンでした。いや「普通」ならともかく、髪はぼさぼさで、ヨレヨレの背広を着て、カバンの代わりに今にも穴のあきそうな、ボロボロの白い紙袋を持ち歩いていました。いわゆる、「駄目サラリーマン」という風貌《ふうぼう》をかもし出しています。腕時計や手帳なども持ち歩きません。携帯電話も社員の中で一番最後に持たされました。(というか、サラリーマン時代山形営業所へ転勤する際、恥をかかない様にと、新潟営業所時代の所員が転勤祝いにプレゼントしてくれたのです)パソコンも大の苦手。メールボックスを6ヶ月も開けずに放置していた事もあります。新聞、テレビなども積極的には見ない人間でした。

机の上や中はごちゃごちゃで、整理整頓もできない人間です。おまけに、趣味は鉄道。いわゆる「鉄ちゃん」で、とても地味な性格です。まぁ、「ウダツが上がらないヤツ」というのは私みたいな人間の事を言うのでしょう。

こんな性格でしたので、小さい頃からひどい「いじめ」を受けました。志望大学も全部落ちて一浪もしました。社会人になっても目立たず、同期の中では出世が一番遅れ、あげくの果てには、仕事で大きなミスをし、地方の営業所に飛ばされてしまいます。「人生あきらめる以外ない」というのは、私のような者を言うのでしょう。

ところが、ある日こんな私に小さな奇跡が起こります。

忘れもしない2001年9月16日。北海道・函館のちんちん電車の中で、私の描《か》いた風景画を列車2両に飾って頂き、「ギャラリー電車」として運行されたのです。そして、実はそれがきっかけで、全国38都道府県で絵画展を実現させ、新聞・テレビ・雑誌で延べ100回以上も紹介されるようになりました。

また、今年、2009年3月まで勤務していた旅行会社で、自分の大好きなローカル鉄道の存続をかけて、「ローカル線応援ツアー」の企画をしており、その活動も、マスコミに多数紹介されました。何故か駄目人間の私が「趣味」と「仕事」両面で多少なりとも、人様に認められて来たのだから世の中不思議です。

自分の本当に大好きな活動を、仕事と別に、週末という限られた時間で続けていくうちに世間に認められていった。その活動が人の役に立ち、それが少しでも社会貢献にまで発展し、結果として自分のライフワークになるのだとしたら、人生がものすごく楽しくなると思いませんか。それが、この本のテーマの一つ「小さな奇跡の作り方」です。

1年かけて描きあげる1枚の絵画。それが15枚。みんなに見てもらいたい、個展を開きたい。とあるローカル線の駅前で一人で開いた「移動美術館」（どういう物かは本文で説明します）に気がつけばたくさんの仲間が応援してくれるようになりました。そして現在、その駅構内に本社のある、鉄道会社の社長になってしまったという摩訶《まか》不思議な物語。

こんな私の「駄目で不思議な人生」に少しでも興味を持って頂いた方、この本の扉をそお〜っと開いてみてください。ちょっと変わったエピソードを通じて、その顚末《てんまつ》を書いてみたいと思います。何度か「途中下車」したりしますが、終着駅までよろしくお付き合い頂ければ幸いです。

２００９年６月吉日

たくさんの赤い実をつけた、さくらんぼ畑の中を走る、
「フラワー長井線」の車内にて（おりはた駅付近）

山形鉄道株式会社　代表取締役社長　野村　浩志

目次

第3章　実は私、「いじめられっ子&駄目サラリーマン」でした――　49

第4章　駄目野村流「逆発想集客術」で年商20億円達成！——83

第5章　山形鉄道「フラワー長井線」との出会い——107

装丁・デザイン／渡辺美知子
表4カバーイラスト／野村浩志
本文各章扉&カバー表1イラスト／野村恵三
表1カバー写真／亀井伸太郎
本文柱イラスト／佐竹美穂

第1章

山形鉄道「フラワー長井線」の『社長公募』にチャレンジ

桜並木がきれいな野川を渡る
フラワー長井線
（あやめ公園～羽前成田）

サラリーマンの身分を失う不安。でも、「一度ぐらい自分の夢に忠実に生きてみよう」

ちょっと私らしくない硬い話から始めさせてもらいます。「まえがき」にも書きましたが、私は、２００９年4月1日に、第三セクターの山形鉄道株式会社（通称「フラワー長井線」）の公募社長になってしまいました。論文レポートと面接で89名の応募者の中から、運良く、縁あって私が選ばれました。

これは、小さな奇跡としか言いようがありません。

実は「社長公募」とは別に、昨年の夏頃から、近い将来フラワー長井線をはじめとする地方鉄道や地域を「観光力」で再生する仕事がしたいと強く考えていたのです。

家族の不安と心配を押し切って、サラリーマンを辞めて独立して事業を始めるべきか？あるいは勤務していた会社に地域再生、赤字ローカル鉄道の再建ビジネスを専門に行う部署を開設してもらえるか？

前者は人生のギャンブル。この不況で仕事を探すのも大変な雇用難、就職難の時代に、あえて自分の夢のために、まだ幼い子どものいる妻を不安に陥《おちい》らせる事が、果たして正しい私たち家族の人生なのか？

後者は、私にとってサラリーマン生活の安定を確保し、家族も納得、安心の道。しかし、会社が、私のような一介の社員のわがままを許すだろうか……。

どちらにしても結論を出せないまま、悶々《もんもん》とした時間が過ぎていきました。この、悩ましい決断に揺《ゆ》れ動くところが、私のような駄目人間の駄目さ加減なのですね。小心者の私は、昨年の夏頃からズルズルと結論を引き出せぬまま、うろたえ続けていたのです。

しかし、奇跡のような出来事が、ちょうど２００８年12月25日のクリスマスの日に起こったのです。それは「山形鉄道の社長公募」のニュースでした。現社長が勇退を決意し、新しい社長を全国から公募するというのです。「準備が出来ている人間には、女神がほほえむ」という話を何かの本で読んだ記憶がありましたが、まさにサンタクロースが私にとっては女神に見えました。

私はまた一人で悩む事にもなるのですが、単純に「応募したい！」という、鉄道オタクである小さい頃からの夢を叶えたい自分と、「もし落ちたらどうしよう。会社にバレて、辞めさせられたら、元も子もない。サラリーマンの身分と安定を失うのだ」という夢と現実のせめぎあいに苦しみました。

しかも当時の私は、２００８年11月から、自分なりに考えた企画が当時の読売旅行の上司（中村取締役）にある程度受け入れられ、仙台にある東北・北海道合同企画グループという部署に転属となり、東北地方を中心とするローカル鉄道や地域活性化の仕事を担当させてもらっていたのです。国土交通省の方々や東北6県の地方鉄道の社長さんたちとも親しくさせて頂き、どの鉄道も赤字という同じ問題を抱えている事を今更のように知る事ができました。

自分で独立するという大ギャンブルの選択肢はなくなったものの、このまま仙台でサラリーマンを続けるか、それとも、「社長公募」にチャレンジするか。後者を選ぶならば会社に辞表を出し、安定したサラリーマンという退路を断って、正々堂々と応募すべきです、私は会社に内緒で応募する事だけはやめようと考え始めました。

「カミさん」という難問！「もう！　勝手に辞表を出しちゃうなんて、許せない」

しかし、もう一つの難問は、カミさんでした。実は、昨年の夏の悶々《もんもん》としていた頃、「フラワー長井線をはじめとして全国のローカル鉄道を活性化させる仕事をしたい」と独立まで考え頼み込んでいたのです。「会社は絶対辞めてはダメ。それを守ってくれるなら、私はあなたが何をやっても文句は言わないわよ」と言われながら。しかし社長公募はその後の話。まさか公募があるとは？　応募するとなると、受からないかもしれませんし、その時は会社を辞めなければなりません。もし万一、私が受かってしまった時、その後で会社に辞表を出す訳にはいかないのです。何といっても、山形鉄道の社長公募は、県内のみならず、全国のニュースで流れています。当然、社長決定となれば再び全国ニュースです。私が受かれば会社にもわかってしまいます。

41歳と若いし、受かるはずはない、と思うものの、それなりにこの数年間フラワー長井線の応援もし、私以上にこの鉄道を愛している候補者はいないのではないか？　という自信のような生意気な気分が胸をよぎります。私以外の人が山形鉄道の社長となり、その新社長と私が話しをしている姿がどうしても想像できません。若狭嘉政《よしまさ》前社長のように、私の意見を聞き入れてくれないかもしれません。やはり、私が応募するべきだと、直感でそう思ったのです。

しかし、妻は、何と言えばＯＫしてくれるだろう。私は悩みに悩みました。締切りが3日後に近づき、とうとう私は決断を下しました。「一度くらい自分の夢に忠実に生きてみよう。公募にチャレンジしよう」と。

そして会社に伝え、辞表を出しに上司にお願いをしました。

上司は当初、当然のように反対をしたものの、私の強い決意を知り、遂に「いいかもよ。お前にピッタリの仕事かも知れない。頑張れよ！」と、逆に励まされました。正直、ホッとしましたが、ついにカミさんには内緒で、締切り最終日に論文を完成させ、「消印有効」と募集要項に記されていた2月6日の日付が押されるのを確認し、深夜の郵便局を後にしました。時刻は23時59分、本当にギリギリでした。証明写真も書店の外に置いてあったボックス型のインスタント撮影機でギリギリ済ましたものでしたので、顔がすごく眠たそうでした。

そして、2月末までに書類審査と面接が行われ、なぜかこの私が、その社長の座を射止める事になりました。この「社長公募」は、とりわけ、以前より大変お世話になっていた、前社長の若狭嘉政《よしまさ》氏と、前専務の成澤栄一氏のお二人が決意し、山形県をはじめとする各関係自治体の方々や当時の取締役の皆様のご協力があったからこそ生まれたチャンスでした。また、それ以前に専務取締役の職にあった高田裕之氏ら、多くの経営を背負ってこられた心ある先輩方の不断の努力があって、この鉄道が存続してきたわけですから、私にとっての小さな奇跡は先人の皆様のお力で生まれた事だと感謝しています。

そして、小さな奇跡は、こうして私のところに「一度ぐらい自分の夢を叶えなさい」というメッセージを届けてくれたのです。

しかし、カミさんへの説得は以後も続き、最後はしぶしぶ「もう、勝手に会社に辞表だしちゃったんだし、あなたが社長に決まった事は、ニュースに流れ、新聞に出て、私の友人もみんな、おめでとう！　って言うし、仕方がないから、あきらめる………。その代わり、絶対にフラワー長井線を再生させるのよ！」

最終的に彼女は私の背中を、ドーンと力強く押してくれたのです。こうして私は、山形鉄道株式会社の社長兼新入社員になりました。4月1日社長就任以後の話は、第9章以後をご覧頂ければ幸いです。もちろん、私のチャレンジは、今、始まったばかりです。社長になれたのは、ひとえに運と、多くの皆さまのご助力、ご協力でした。これから赤字ローカル鉄道、第三セクターの山形鉄道が黒字になり、市民の足を守る事が私の使命です。

これから始まる第2章からは、百年に一度と言われる世界と日本の経済の悪化、格差や不平等、リストラや非正規雇用、仕事が無い、そんな未曾有《みぞう》の荒波の時代に生きる人たちや、また私と同じように小さい頃にいじめられ、不器用で駄目で、何をやってもうまく行かないと悩むすべての人々に、私がどんないきさつで自分の夢に向かって歩き出せたのかを包み隠さず、人生のヒントや、「夢の実現のさせ方」、「小さな奇跡の作り方」など、少しでもお役に立つような有益な材料をお伝えできれば、という思いを込めて書いてまいります。

第2章

私、サラリーマン時代から、新聞、テレビに100回以上紹介されてました！

すすきがたなびく、秋日和の
フラワー長井線
（梨郷～西大塚）

えっ！　この絵は色鉛筆で描いたんですって！

「いやあ、すばらしい作品の数々にしばし酔いしれていました。色鉛筆であれだけ描かれるとは……。本当にすばらしかったです」（岐阜県　男性）

この感想文は私が絵画展を開いた時の「感想ノート」に書かれていたものの一つです。（メッセージを書いてくださった大勢の皆さん、ありがとうございます）

「まえがき」にも書きましたが、私は鉄道が大好きで小さい時から電車の絵を描いていました。小学校2年生の時なんか、テスト用紙の裏にまで電車のイラストを描いていて、肝心のテストの点数が10点だったため、母親に厳しく叱られた程です。暗い押入れに閉じ込められ、3時間泣きわめいていたという「おしおき」も、今となっては懐《なつ》かしい思い出です。

それほど私は鉄道が好きだったのです。ちなみにこの本の裏カバーのカラーの絵は私が色鉛筆で描いたものなんですよ。

「鉄道マニア」「鉄道オタク」というとなんだか「暗〜い」イメージがありますよね。でも本当にそうなのだから否定できません。私は、何とかこの閉鎖された鉄道趣味を明るく楽しく、そしてカジュアルに、健康で文化的なものにし、市民権を得た趣味に育てあげたいと常日頃から考えていました。

そこで思いついたのが鉄道趣味を「アート（芸術）」にする作戦でした。アートといってもそんな大げさなものではなく、「懐《なつ》かしい鉄道の風景画を描く」という活動をたった一人で始めてみただけです。

（何か人と違う事がしたい。同じ鉄道好きでも、どうせなら、さすが！　といわれたい、女の子にモテたい）私は、小学生の頃から、素直な気持ちでかつ、生意気にも、そう思っていました。そして、写真そっくりな絵を描いて、みんなをびっくりさせちゃうぞ！　いつか、どこかで絵画展をするんだ！　新聞やテレビにもバンバン紹介され、有名人になっちゃおうかな？　なんて感じで、当時は夢みたいな事を考えていました。

1枚の絵が運命を変えた！
日本全国38都道府県で絵画展を実現

絵がちょっと上手くなってくると、とにかく人に見せたくなります。

私は「いかなるチャンスも逃がすまい」とばかりに、大人になっても外出する際には、私用だろうが、会社の出張だろうが（今となっては時効でしょうが）、自分の絵の作品集をA4ファイルに収め、いつも持ち歩いていました。

旅行会社勤務だった私は、2001年6月、北海道函館に出張します。そこで朝市のおやっさんと仕事の打ち合わせをしていました。商談も上手くまとまり、話が盛り上がってきます。

「よし、お前気に入った、夜飲みに行こう！　うまい魚たくさん食わしたる！」

「いいすっね~、じゃまた後でお伺いしますね。そんじゃ~」

「バカ言うな、これから行くぞ、今すぐだ！」

「すぐって、おやっさん、まだ午後3時じゃないですか？　私は勤務中です。飲むにはまだ日が高いし……」

「あのな、ウチらは、朝2時から働いておんのや、午後3時なんてもう宵《よい》の口なんや」

（なぜかこの人、若干、関西弁？）

「ええ、まあ、そんじゃ、一丁行きますか！」

私は後ろめたさを感じながら、おやっさんの後に付いて行きました。路地をくねくねと何度も曲がり、いかにも朝市のおやっさん行きつけの店と感じられるお寿司屋さんに招かれました。明るいうちに飲むビールはやっぱり格別です。所員に悪いなという罪悪感など、どこかへ吹き飛んでしまいそうです。

調子に乗ってしまった私は、酔った勢いも手伝って、A4ファイルに入れていた自分の描いた鉄道の風景画をおやっさんに差し出しました。

「これ、ほんまに、あんた描いたんかぁ～」

「私の夢はですね、ローカル鉄道の本物の列車と本物の駅舎を譲《ゆず》り受け、そこに自分や全国の仲間が描いたローカル鉄道の風景絵を展示した「レトロ電車の美術館」をつくる事なんですよ」

「よ～し！　わかった。野村さん、早速絵画展をやろう！　動く電車の中で」

「動く電車の中？　何ですかそれ？」

「決まってるやんか、ちんちん電車！　函館の市内電車の中でやるんだよ！　俺、交通局に知り合いがいるから、明日、話を通してやる！」

その日は2軒、3軒と飲み屋さんをハシゴ酒し、前祝だと称し、おやっさんの自宅にまでも連れ廻されてしまいました。

翌朝、まだ酔いが醒《さ》めぬまま、約束通り、おやっさんは函館市交通局の課長さんと面会をさせてくれました。課長さんは、私の話を親切に聞いてくださり、車内絵画展実施を快《かい》諾《だく》して頂けたのです。

こうして、2001年9月16日。私の絵画が車内に展示され、初の「ギャラリー電車」が函館の市内電車で運行されたのです。「ギャラリー電車」は珍しいという事で、地元の新聞、テレビでも報道され、私自身も、こんなにとんとん拍子に事が進んでよいのかと恐ろしくなったほどです。

この新聞記事がきっかけで、私に絵画展の依頼が全国の鉄道会社から殺到し始めました。(実は自分で全国の鉄道会社へ手紙を送りまくったのですが）電車の車内や駅舎の中、さらには、郵便局、銀行、図書館などからもじゃんじゃん声がかかるようになり、現在までに、全国47都道府県のうち38か所で絵画展を実施し、新聞、テレビなどのマスコミ報道回数が100回を超えるようになってしまったのです。

会場は、九州、中国、四国など遠方が多く、旅行会社に勤めていた私は、当然、身動きがとれず、現地に出向く事は出来ません。（でもなんとかしたい。さてどうするか？）

そこで一計を案じたのが、自分の仕事上のネットワークでした。私は、旅行会社で北海道から沖縄までの飛行機コースを担当していたため、全国に仲間がいます。名刺の数を数えてみると583枚もあるではありませんか！　そのなかで、友達のようにお付き合いをさせて頂いている方に、絵画の設置や撤収などの手伝いをお願いしてみようと思い付いたのです。

最初は断わられるかと思ったのですが「野村さんのためなら喜んでやるよ！」とか、「え〜っ、こんな絵を描けるなんてすごいじゃん！」と感心してくれて、逆に展示する場所を探してくれたりしました。中には自分のお店やホテルのロビーで個展を開催してくれた業者さんもいらっしゃいました。

こうして、私の「ローカル鉄道の絵画展」が全国的に広まっていったのです。絵画展をすれば、地元のテレビ局や新聞社から取材の電話が入り、昼休みや夜に、山形にいながら取材を受けます。掲載された新聞は必ず現物を送ってもらい、地方局で放映されたテレビのニュースは、知人にビデオで録画してもらいました。

そして、その頃の私は、「よし、日本全国、47都道府県で、自分の絵画展をやっちゃうぞ！」と意気込んでいました。

「移動美術館ちび電号」を立ち上げる

この活動を丸3年ほどやって、当時、約30都道府県で絵画展が実現した頃、何かむなしい感じがして来ました。それは、やはり自分自身が会場に足を運ぶ事ができないので、リアルにお客さんの感想や意見を聞けないというもどかしさがあったからです。絵画展開催中は「感想ノート」を用意していて、合計20冊ほどの来場者の励《はげ》ましの声や感想を頂いていたのですが、やはり臨場感《りんじょうかん》がありません。

そんなある日、近所のスーパーで買い物をしていると、私の娘が「焼き鳥食べたい」と、赤く塗られた車を指差していました。それは、「焼き鳥の移動販売車」でした。

この車がすごいんです。外見は立派な焼き鳥屋さんなのに、付属物を折りたたむと、普通の軽ワゴンに収まるという勝れ物。なんか頭がモヤモヤします。私はアイデアが浮かぶ直前にこの「モヤモヤ」を感じます。良いアイデアが浮かぶ前兆なのです。

その夜、私は、何度も何度も、「移動焼き鳥屋」「移動焼き鳥屋」「移動焼き鳥屋」……と呪文《じゅもん》のように唱え眠りにつきました。

さっそく、翌日の昼休み、山形駅近くの書店で「移動販売」のノウハウ本を購入しました。世の中には色々な商売があるんですね。「移動カフェ」「移動ラーメン屋」「移動雑貨屋」「移動図書館」「移動床屋」「移動洋食屋」「移動弁当屋」「移動アイスクリーム屋」パン屋さんも、そう焼きイモ屋さんも……。私が昨日からモヤモヤしていたものの正体は「移動美術館」でした。

「発表する場所がなかったら自分でつくる！」

あきらめの悪い私は、それなら自分で美術館をつくっちゃおう！　と思い立ち、自力で「移動美術館」を開く決心をしたのでした。でもそんな商売はインターネットで検索してもこの世に存在しません。

私は、車自体が「美術館」になり、小さなスペースでも展示可能な、折りたたみのできる美術館を思い描いていました。しかし、友人、知人にこのアイデアを話しても誰もが「ぽか～ん」という表情を浮かべ、相手にしてくれません。どうしてそんな活動をするのか？　ついに野村はどうかしてしまったのか？　と思われても仕方がない状態でした。

そんなある出張帰りの日、私は空港で、ある旅行会社のパンフレットを見ていました。その表紙には、北海道の草原のなかに黄色に塗られたかわいらしい、「トトロの猫バス」

みたいな、愛らしいミニバスが走っています。

（これだ！　これだ！　これしかない！）

自宅に帰るとすぐに私は、子どもがおもちゃをねだるように、カミさんに移動美術館を立ち上げたいという事や、そのために中古車が欲しい事をお願いしてみました。

「買ったら」

「えっ、いいの？」

そうして私は中古車探しを始めました。私は車にも疎《うと》くて例のミニバスの車名もわからず、それが、ワーゲンバス（フォルクスワーゲン・タイプII）というドイツ製の40年以上も前のクラシックカーである事、古い車なので、メンテナンスをしっかりやらないと、すぐ故障して動かなくなる事など、全く知りませんでした。

（どうしてもあの車が欲しい！　でも故障しやすいというのは問題だな）

しかし、私は、これだけは絶対譲らずにこのワーゲンバスにこだわりました。実は、外見が青森県を走っていたローカル私鉄「南部縦貫《じゅうかん》鉄道のレールバス」（外見は路線バスのようでレールの上を走る小さなローカル鉄道）にそっくりだったからです。しかし周りの人々に相談すると、私がこの車を買う事にすごく否定的でした。

「あの車は趣味で乗る車だ」「すぐ壊れてしまい、維持費がすごく高くつく」「昔の車だから壊《こわ》れると部品がないので大変だ」「機械に弱くて運転下手な野村には絶対乗りこなせない」などと、周囲の人間はマイナス面を散々《さんざん》強調します。どうしたものかと困っていると、当時住んでいたアパートの大家さんが中古車センターに勤めていて、軽ワゴンを外観だけワーゲンバスのように改造する方法を教えてくれました。

こうして、私は、本物のワーゲンバスではありませんが、念願の「移動美術館」を立ち上げる事ができたのです。車体は「南部縦貫鉄道のレールバス」と同じ色で3色に塗装して、とても愛くるしい車になりました。この車の名前は「ちび電」といいます。かわいいちびっこ電車みたいな車なのでそう名付けました。

２００4年5月5日（ゴーサインの日）。晴れて、「ちび電号」が自宅に納車されました。しかし、展示場所はなかなか見つかりません。というよりも、私の悪い癖《くせ》で買ってしまったら安心して、行動を起さないでいたのでした。

「こんな高い買い物してこの車どうするの。あんたはいつもそうなんだから！」なんてカミさんに嫌《いや》みを言われるのも時間の問題です。彼女の顔も次第に険《けわ》しくなってくる様に感じられます。私は駐車場に停まっている「ちび電号」を見ては、ため息をついていました。

納車から1年後、ある経営者の集まる会合があり、私はその時、自分が趣味で絵を描いている事、「移動美術館」というのを立ちあげたが、車を置かせてくれて、美術展をやらせてくれる所が無い事などの悩みを、思い切って全会員の前で打ち明けてみました。

「それなら、私の知り合いのスーパーの店長さんを紹介してあげるよ」

と、印刷会社の社長さんがやさしく声をかけてくれたのです。


2005年6月24日。山形市内の「元気市場たかはし」というスーパーの駐車場で、私は初の「移動美術館」を開く事ができました。山形市、文昇堂印刷の渡辺社長のおかげです。（改めてありがとうございます）

「いらっしゃいませ～！　懐《なつ》かしい駄菓子はいかがですか～！」

長女の笑（えみ）と、次女の夏笑（なつえ）が元気よく声を張り上げています。

私の描いた絵画を中心に、ついでに子どもを連れたお客さんへの客寄せとして駄菓子を並べ、娘たちが元気に売り子をしてくれているのです。午前中はスーパーのイベントがあるらしく、店長さんが冷たい鳥そばをスーパーに来たお客に振舞《ふるま》っています。それを目当てに大勢の人々が行列をつくっています。

ちょうど、並んでいる列から私の絵画や車が見えるようになっているので、「これ、色鉛筆で描いたの～、すごい！」とか、「この車かわいい～」とか「がんばってくださいね」

とか、駄菓子はほとんど売れませんでしたが、来場されたお客様が、すご～く嬉しい励ましの声をかけてくれたのです。初めての「移動美術館」は大成功に終りました。

この事に気を良くした私は「せっかくレトロな電車の絵を描いているんだから、昭和時代の懐《なつ》かしいレトロな雰囲気の中で絵画を展示する事を思い付きました。

ちょうど、映画「三丁目の夕日」が大ヒットしていた頃でしたので「これはいける！」とピンと来ました。全国に昭和レトロをモチーフにしたテーマパークは多数あるのですが、移動式のものは、おそらく私のものが初めてだと思ったからです。

私は、昔から、古びたものを集めていたのですが、人前で展示をするには、絶対数が全く足りません。ネットオークションで「昭和レトロ」「古道具」などと検索すれば、結構面白いものが手に入る事を知り、パソコンの苦手な私でしたが、この時期、尋常《じんじょう》でないほど「ネットオークション」にハマってしまい、カミさんの目を盗んでは、昭和時代の古道具や看板などを落札し、購入していました。

こうして、オークションで手に入れたものを愛車、「ちび電号」にのせ、駄菓子小屋を組み立てます。まず、畳《たたみ》の上にちゃぶ台、黒電話、薬箱、茶簞笥《ちゃだんす》を置き、昭和時代の生活空間を演出します。その周りには、ひび割れてテープで応急処置したガラス戸、破れかかった障子戸《しょうじど》や錆《さ》びたトタン板で囲み、古めかしい雰囲気を演出します。店先の平台には、所狭しと10円、20円の駄菓子をぎっしり並べ、タバコ屋さんの陳列台の上に、ダイヤル式の10円公衆電話（赤電話）をさりげなく置きます。最後の仕上げに、懐《なつ》かしい「ホーロー看板」を錆《さ》びたトタン板に打ち付ければ、一気に昭和30年代にタイムスリップしたような錯覚を感じてしまうのですから不思議です。

ここまで準備するのに約3時間。自宅の近所だと良いのですが、遠方だと深夜2時に起きて出発の準備をします。古いガラス戸や、蓄音機、白黒テレビなどの昔の家電も積み込むので大変な重労働です。それを、ワーゲンバス風の軽ワゴン車に積み込んで、家族全員でイベント会場に出かけます。

初め、山形市内のスーパーで始めた「移動美術館」は、「移動駄菓子屋美術館ちび電号」として度々バージョンアップさせました。「博物館」でなく「美術館」としたのは理由があります。前にも紹介しましたが、私の本来の趣味は「絵画」で、色鉛筆で「ローカル線の風景画」を描いており、その絵を展示しているからそう名付けました。

そして何と、この「移動駄菓子屋美術館」の記念すべき第1回めの開設場所が今、私が社長として勤務しているフラワー長井線の長井駅だったのです。そう、「ちび電」号が

「私」と「フラワー長井線」を結ぶ「キューピット役」をしてくれたのでした。

そして、「美術館と、ついでに始めたレトロな駄菓子屋」というミスマッチがどう間違えたのか、山形県内で話題となり、観光協会や県内各地の商店街のお祭りに出店してくれと声がかかるようになって来ました。今でも私は、会社の休みの日には県内のどこかの「まち」で駄菓子屋さんを開いています。私の勤めていた旅行会社時代のお客さんも偶然、駄菓子屋のお客さんとして品物を買ってくださる事もありました。

私の顔は旅行案内の新聞チラシの顔写真などで、知られてしまっているので、「あっ、旅行会社の所長さんだべ～！　いつも楽しく旅行に行かせてもらってありがとさま」などと、ありがたくお声をかけて頂く事も結構ありました。その場でいきなり、旅行の申込みを頂いた事もあります。逆に、お叱りや苦情を頂戴する事もありました。こういう時、どちらが本業なのかよくわからなくなりましたね。（笑）

平日は「旅行業」（現在は鉄道業）、週末は「駄菓子屋のおやじ？」と、体を休める日は皆無ですが、これは私の趣味？　ですので、かえって元気をこの活動でもらってきました。何よりも私にとって、かけがえのない美術館です。仕事でも、趣味でも、人情味豊かな山形県の皆様に関われるので、私としては感謝の気持ちでいっぱいです。

「えっ！　肝心の絵はいつ描いてるですって？……」

実は、この9年間1枚も描いていないんですよ。（笑）今は「絵」は描いていませんが、小学生相手に駄菓子屋で「汗」と「恥」ばかりかいていますよ（笑）……。

「ちび電号」がマスコミに紹介され、有名企業とタイアップ、全国展開へ

2005年9月。テレビ局の営業担当の方から大型イベントがあるとの事で、「ちび電移動駄菓子屋美術館」を出店して欲しいというお誘いが来ました。会場は、山形市内の国際交流プラザ「ビッグウィング」という大きな会場です。そこで住宅リフォームフェアが開催されるとの事でした。私はどんどん「ちび電号」を売り込みたかったので、二つ返事でOKしました。

当日、主催者であるリフォーム会社の社長さんが、「駄菓子屋さんすごい好評だよ！特に子ども連れで来場されたお客さんにとても喜ばれた」と、私の事を気に入ってくれ、「ウチの会社は日本全国でこういうイベントやっているから、可能な限り全国で駄菓子屋を出店して欲しい」と声をかけてくださいました。

出店する側にとって、出店料は普通かなりのお金がかかるのですが、リフォーム会社の

社長さんのご好意で無料で提供してもらいました。その代わり、交通費や宿泊費は私の実費です。会場は埼玉スーパーアリーナとか横浜みなとみらいとか、大きなコンサートをする様なメジャーなところが多く、新聞やテレビに多数、私の愛車「ちび電移動美術館」の事を紹介して頂いていたので、その宣伝費・広告費に換算した金額に比べれば、交通費宿泊費などは安いものです。

この、移動美術館の活動も、最初函館の絵画展で始めた、「ギャラリー列車」と同じように、「移動美術館」は珍しいという事で、大勢のマスコミの方が取材に来てくれました。

なかでも、山形県内の人気番組「ピヨ卵ワイド４３０」から取材の依頼を受け、10分くらいの私の活動のミニドキュメンタリー・ニュースをテレビ放映してくれました。

また、ラジオ局がイベントを主催するという事で、私に移動駄菓子屋を出店して欲しいと、依頼を受けた事がありました。日程や会場の設置場所、イベントの趣旨など、一通り打ち合わせを済ませます。

すると、担当者が、心配そうにゆっくり私の方に目をやります。

「ところで野村さん、ギャラはいくらお支払いすれば良いですか？」

私は一瞬、耳を疑いました。（ギャラというのはお金を貰《もら》えるという意味だよね？）と、何度も自分の心に確認した上で、その担当の方に丁重に断りました。

「まあ、お金のためにやってるんじゃないですから……」

「いえいえ、野村さん、ほんの謝礼程度ですし、ボランティアとはいえ、交通費とか活動費なんかの実費が発生するでしょう」とまで言われ、まぁそう言われればそうだなと、軽い気持ちで小さく右手を開きながら私はぼそっと、

「それじゃ片手で……」と答えました。

「わかりました、5万円でいいですね。少なくてすみません」と担当者はゆっくりと頷《うなず》きました。

(ほんとかよ! 片手を広げて、俺はガソリン代の5千円のつもりだったのに……)と、その時、実は本当に心臓がドキドキでした。そして自分でも想像だにしなかった言葉を、おどおどと次の瞬間に発してしまったのです。

「ということは、2日間で10万円ですね?」と……。

「もちろんです」と担当者は平然と答えるではないですか? すごい事です。私の活動が世に認められた最初の瞬間でもありました。

　サラリーマンの私ですから、副業と思われやしないかと、ちょっと後ろめたい気もしたのですが、10円20円の駄菓子を売っていても収支はいつも赤字でしたし、今までの車の購入代やレトロセットなどの活動資金が戻ってきたんだと、自分に言い聞かせ、ありがたく

頂戴する事にしました。

「昭和30年代を出前する」という私のコンセプトは、それ以後自分のプライベートな時間がなくなるほど、県外、県内を問わず受け入れられて行きます。

県外に広まるとますます、「移動駄菓子屋美術館ちび電号」の知名度が急上昇し、反響が反響を呼び、アマチュアの私なのにぐ～んと、活躍の場所が広がって行きました。例えば東京湾豪華クルーズ船「ヴァンティアン号」の船中や、プロが選ぶ旅館日本全国第一位、石川県の和倉温泉の超有名旅館「加賀屋」の宴会場、東北電力、トヨタ、松下電器産業（現・パナソニック）など、有名企業からも声がかかるようになりました。

こうして不思議な事に、ちび電号は全国展開をするようにまでなって来たのでした。

念願の本物の駅舎に「レトロ電車の美術館」を開設

とりわけその頃私は、フラワー長井線の中心駅の長井で開かれるたいていのお祭りには必ず声をかけて頂いていて、夏祭りや音楽祭、冬の「雪あかり回廊祭り」などでは、実行委員をやって欲しいと頼まれたりした程でした。また月1回開かれる駅前商店街の「がやがや市」というお祭りにも、私専用のスペースを用意してもらえたり、とにかく長井にいると居心地が良いし、仲間が増え展示内容を楽しみにしてくれるようになります。私もいい気になって、イベントの回数を重ねる度に、どんどん駄菓子の種類や昭和時代の展示物を増やしていきました。前述しましたが、古い物を集めるのは意外と大変で、最初は駄菓子も古道具もインターネットで購入していました。

例えば、私が小学生だった頃にテレビで人気だった、大村昆《こん》の「オロナミンC」や由美かおるの「アース渦巻き」、松山容子の「ボンカレー」などの昔なつかしい「ホーロー看板」、漫画「巨人の星」に出てくるような「ちゃぶ台」（よく父親がひっくり返していたあれです）、古いガラス戸や10円で遊べる古いゲーム機、駄菓子屋の店先に並んでいた古いベンチ、白黒テレビ、真空管ラジオ、足ふみミシン、茶簞笥《ちゃだんす》、タイル張りのタバコ屋の陳列棚、くるくる回る床屋さんの古いサインポール、自分の背丈ほどもあるコカ・コーラの冷蔵庫までも落札し、購入していました。

こうしておびただしいほどの昭和時代のグッズが集まってしまったのです。しかし、これだけのものを収納するスペースがありません。我が家はアパート住まい、庭にまで古道具が溢《あふ》れかえり、家族の冷たい視線はもちろんの事、近所迷惑にもなりかねません。それでも懲《こ》りずにインターネットで落札した古いゲーム機や大きな看板が毎日のように送られてきます。いつ古道具屋を開店してもおかしくない量に膨《ふく》れ上がってしまいました。

そんな時、山形鉄道主催の「フラワー長井線祭り」が２００７年に開催され、私も日本三大熊野大社で有名な南陽市の宮内駅（フラワー長井線、赤湯駅から３つめ）のイベントを手伝う事になりました。イベント終了後、あらためてまじまじと宮内駅を眺《なが》めてみました。なんかすごくレトロな駅です。改札口なんか木でできていて実に味があります。待合室の奥にもう一つ空き部屋があり、どういうわけか何も置かれていません。

私は半分冗談まじりで、「このスペース貸してくれませんか？」と、山形鉄道の方に頼んでみました。私の集めた古道具類の倉庫にできないかと思ったのです。そうしたら「野村さんだったら喜んで貸すよ！　いつもイベント手伝ってくれるしね」と涙が出るほど嬉しい返事をもらえたのです。昔からの私の夢は、本物の駅舎と本物のレトロな車両を譲《ゆず》り受け、「レトロなローカル鉄道の美術館」をつくる事、まさにその夢が着実に叶《かな》ってきたのです。

この倉庫代わりに借りた駅舎の部屋は現在、倉庫兼、（私のではなく）フラワー長井線の美術館になっています。まだまだ整理がつかず、開館日は不確定な美術館ですが、私は山形鉄道のために、晴れて本物の駅舎に「ローカル線の美術館」を開設できるよう、今後もゆっくり自分のペースで、大切に展示方法や展示物を充実させて行こうと夢を膨《ふく》らませているところです。また、地元の大人のコミュニティの場も兼ねた、高校生や子どもたちが楽しめる「駄菓子屋喫茶」を開店しようと考えていますが、なかなか実現できず申しわけありません。

そして、ちょうどこの頃から、私の活動を手伝ってくれる人が現れ、小さいながらも「ちび電」の仲間の輪も広がってきました。特に山形市近郊の大江町に住む沖津さん（公民館の臨時職員で本業はお坊さん）には、イベントの手伝いから駄菓子の問屋さん、古道具屋さんまで紹介して頂きました。本当にありがとうございます。

類は友を呼ぶとはよく言ったもので、人も物も、なだれのように集まってきちゃうのですから不思議です。そして、現在私は博物館の館長どころか、そのローカル鉄道の社長になってしまったのですから責任重大です。夢が「悪夢」にならぬよう気を引き締《し》めて頑張って行くつもりです。

フラワー長井線の応援ツアーを企画、観光客を約46倍に！

とにかく私は変わっている人＝「変人」なんですね。そうでなきゃぁこんな活動なんて、誰もしやしないですものね。

休日に人口３万人弱の長井のまちの中を「ちび電号」で走り回っていると、イベントの無い日なのに、まちの人たちが私に手を振ってくれるようになってきました。まるで自分の故郷の様なところです。

初め、長井市の皆さんは私の事を、フーテンの寅《とら》さんのような、露天商だと思っていたそうです。それが、旅行会社の所長だと知られてしまってから、山形鉄道の運転士さんや、市役所の職員、観光協会の人たち、長井市にやって来るコンサルタントの先生、商店街のおやっさん、商工会議所や青年会議所の若い方から、観光や集客、まちづくりについて相談を受ける事が増えてきました。長井市の観光について講演して欲しいという依頼も受け、市長の内谷重治さんと同席で、お話をさせて頂いた事もあります。

なぜ、よそ者の私なんかに相談して来るのだろうと思っていたのですが、逆に「よそ者だから相談しやすい」という側面もあるという事に、ある時、気が付きました。
地方都市というのは、都会と違い、隣近所と密接なつながりがあるものなのです。良くも悪くも、それが、新しい事を始める時に大きなしがらみになってしまう事が多々あります。まちの会合やら飲み会にお呼ばれした時、自分は聞き役に徹します。そうすると、まちの問題が見えてきます。よく聞いていると、お互いが相手を牽制《けんせい》しあっている、例えばそれが山形鉄道と駅前商店街の関係でした。

「それじゃあ、長井駅に1日で、千人の観光客を呼んで、長井市にお金を落としてもらえるイベントなんかを仕掛けたらいいんですよね」

と、私が旅行会社としての提案をしても、みなさん、なかなか信じてくれません。まじめに取り合ってくれないのです。

(私はこのまちの人々にかわいがられているんだ。なんかお手伝いがしたい!)

まず、この赤字路線の山形鉄道と商店街の「接着剤」になろう! と、実はこの時に心に決めました。

後ほど改めて書きますが、この想いを形にしようと、2007年7月7日。「山形鉄道フラワー長井線七夕列車」のイベントで、2日間で、約1300名のお客様を集客。同じ年の12月2日には、フィンランドから「本場のサンタクロース」を山形鉄道に招き、山形鉄道沿線の2市2町、長井市、南陽市、川西町、白鷹町とタイアップし、クリスマス・サンタ列車を走らせました。1日で、約700名のお客様がサンタクロースを目当てにフラワー長井線に乗車してくださいました。

4年前のフラワー長井線の観光客は1年間で365名でした。お陰様で、現在、私の勤めていた読売旅行をはじめ、全国の旅行会社の応援や協力で、観光客が年間1万7千名にまで膨《ふく》れ上がったのでした。

ここまで読んでいただいた方、ありがとうございます。なんだか私の自慢話のように聞こえてしまったかもしれませんが、決してそういうつもりで書いたのではないのです。

実は、私はとても気弱な根っからの駄目人間なんです。「まえがき」でも紹介しましたが、いつも、髪はぼさぼさ、よれよれの背広を着てます。鞄も持たず、時計も身につけずに、いつも手ぶらで歩いてます。

次の章では、子どもの頃からのそんな私の駄目人生ぶりを、一気に披露して笑って頂きましょう。

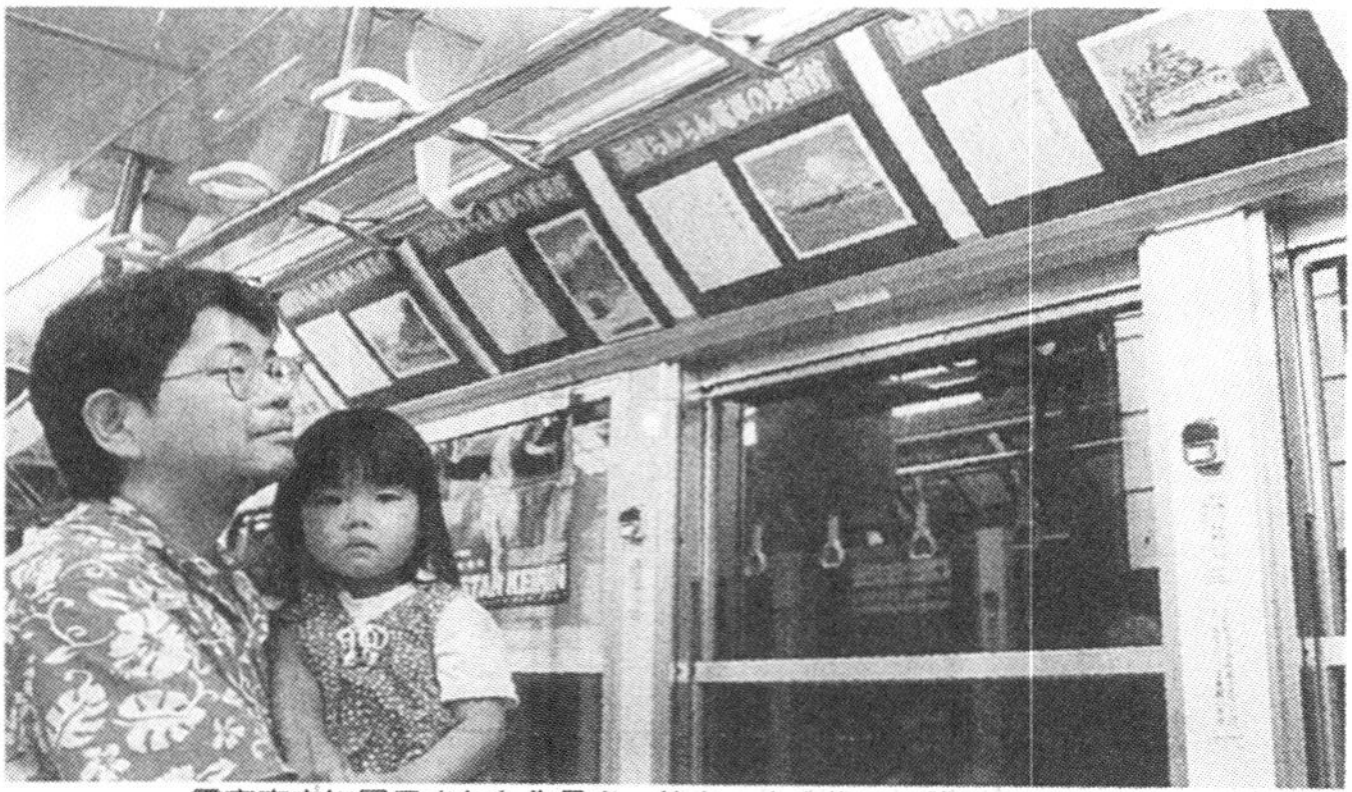

電車車内に展示された作品を、笑ちゃんを抱いて眺める野村さん

函館市電2両の車内で
地方私鉄の絵展示
山形の野村さんが描く

函館市交通局は十六日から、山形市の読売旅行山形営業所に勤める野村浩志さん（三七）が描いた全国各地のローカル私鉄電車の絵画展「函館ちんちん電車の美術館」を、市電二両の車内で開いている。

野村さんは子供のころから電車が好き。油絵が趣味の父親の影響で、小学校入学する前から、電車を描いてきた。五年前から使い始めた水彩色鉛筆は水に溶け、筆でなぞるとにじむことから、絵の具で描いたように仕上がる。

作品は、北は青森県の津軽鉄道から南は鹿児島県の鹿児島交通まで全国十五社の電車を一社一枚ずつ展示している。雪原を走る新潟県の蒲原鉄道、青い海を背景にした長崎県の島原鉄道など、いずれも写実的で、その土地の空気まで伝わるようだ。

野村さんにとって〝走る美術展〟は初めて。十五日に妻の文代さん（三三）、長女笑（えみ）ちゃん（三つ）と一緒に函館を訪れ、絵の展示された電車を見学した。野村さんは「描いた電車は、すでに路線が廃止されたものもあります。地方色豊かな電車の姿を後世に伝えたい」と話している。十月二十九日まで。

2001年 9 月18日付北海道新聞。「函館ちんちん電車の美術館」の記事。初めての美術展に家族で訪れた時。美術展が発車したイベント。

2005年 7 月10日付読売新聞山形版。フラワー長井線での初の「ギャラリー列車」に地元園児の絵と共に計65点が展示された。

列車がみんなのギャラリー

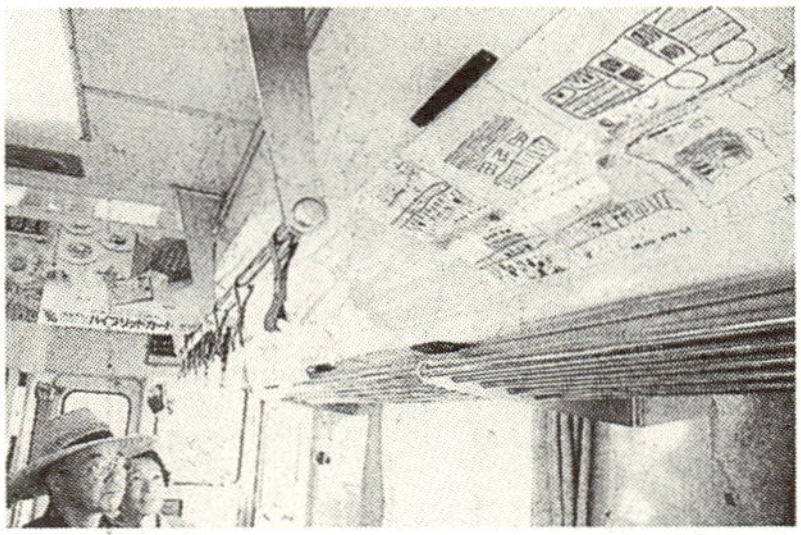

映画で利用増のフラワー長井線

利用客拡大のため、フラワー長井線の車内に絵画作品計65点を展示した「ギャラリー列車」の運行が9日始まった。今回が初めてで、園児の絵と全国各地の地方私鉄の色鉛筆画が展示されている＝写真＝。

同線は、昨年公開され、全国的に話題となった映画「スウィングガールズ」のロケで使われた。全国からファンが訪れたことで、昨年度の利用者は前年度比42％増と大幅に伸びた。

一方で、この同線を運営する山形鉄道は、「この勢いを一過性にしないように」と、車内を華やかな雰囲気にする企画を模索。全国各地を回り、ローカル線を色鉛筆で描いている会社員野村浩志さん(37)(山形市清住町)の協力を依頼、野村さんが「フラワー長井線をぜひ応援したい」と快諾したことで実現した。

車内には、長井市内の私立小桜幼稚園の園児がクレヨンで同線を描いた作品50点のほか、野村さんの15点が展示されている。利用客は色鮮やかになった車内で足を止め、絵に見入っていた。作品は18日まで展示される予定。

2005年 8 月 9 日、福島県会津若松市内の夏祭りで、「なつかし美術館」が人気を呼ぶ。駄菓子屋セットと共に、この車で一式を運び展示。

商店街に"元気"再び

長井駅前通り

農産物販売や絵本美術館
初の「がやがや市」

長井市の長井駅前通り商店街（長井中央商店街振興会・那須孝会長）がこのほど、初の「青空がやがや市」を開いた。中心商店街ににぎわいを取り戻そうとの狙いで、夏場の毎月第二日曜日に定期開催していく。「最低でも三年間は続けたい」と意気込んでいる。

大人も子どもも大勢が訪れた「青空がやがや市」＝長井市栄町

がやがや市は長井商工会議所が同じ通り沿いで先月から開いている「青空カフェよ～れ」と同様、定期的にイベントを開くことで、中心商店街に足を向けてもらおう―との試み。

地元のしょうゆ店駐車場を会場に、初回は朝採りのレインボー野菜など地場農産物や山菜、市内や近隣町の授産施設などの手作り小物を販売したほか、約二百冊を備えた移動絵本美術館などのコーナーも開設。大人はもちろん子どもも大勢訪れた。

イベントの事務局役を引き受ける横山敬生さん(32)＝長井市栄町＝は「よ～れが毎月第三土曜日、こちらは第二日曜日ということで、週末に商店街に行けば何かやっている、という雰囲気ができれば」と〝相乗効果〟に期待する。

「まだ知名度不足だが、将来的にはこれを機に街中を少しでも歩いてもらえるようになってほしい」と那須会長。

今後は十一月まで毎月開催するが、八月だけは旧盆と重なるため、時期をずらす見込みだ。出店者も募集していく。問い合わせは横山さん0238（88）2313。

2006年6月14日付の山形新聞の記事。長井駅前通り「青空がやがや市」での、ちび電号と駄菓子屋と読み聞かせ。（奥さん）

第３章

実は私、「いじめられっ子＆駄目サラリーマン」でした

沿線の山々や風景がすばらしい
フラワー長井線
（蚕桑～鮎貝）

不運だらけの子ども時代、学生時代

自分がまだ幼い頃の事です。周りの大人たちは、私が長男だったせいかとても可愛いがってくれました。そのまま幼稚園に入り、そして芸能界にスカウトされるぐらい（？）女の子のように可愛いかったせいか、女の子の友達が多く、遊びもゴム飛びやお人形遊び、ままごとなんかを喜んでしてました。今と違って小さい時は女性にモテモテだったんですね。（笑）

ところが、小学校3年生の頃、同じクラスの番長から、「いつも女の子と遊んでいる生意気なヤツ」ということで私は、仲間ハズレにされてしまったのでした。当然、こんな状態では勉強に身が入る訳もありません。成績も下から数えたほうが早い上、通信簿も自慢じゃないですが「オール2」を取った記録もあるほど下のレベルでした。

勉強もできず何も取り得のない私は、当然女の子にもモテなくなり、友達もいない孤独な少年に成り果ててしまったのです。

当時、プロレスが流行っており、休み時間になると、プロレス大会が始まります。いつも私はやっつけられ役でした。最後はお決まり「四の字固め～」をかけられて、毎日のようにべそをかいていました。

それだけならまだ良いのですが、ある時、顔から転んでしまい、前歯が欠けてしまった事がありました。（いまでもそのまま欠けてます）当時、過保護に育っていた私は、30万円（25年前の話だからすごい金額です）ものお金をかけて、歯並びの矯正《きょうせい》をしていました。わざわざ埼玉から東京の歯医者さんに通っていたほどです。

2年かけて治療がようやく終了した直後の出来事だっただけに、母親は激怒して、「相手の子の名前を教えなさい！」と何度も何度も、私にわめき散らします。でも、私は歯欠けましたが、絶対に口を割りませんでした。名前を言って自分の母親が相手の両親に抗議したら、もっと自分がいじめられる、と思ったからです。これって、いじめられっ子だった人なら、きっとわかる心理のはずです。

「あんたがそんな弱虫だからいけないのよ。男の子なんだからもっとしっかりしなさい」と怒る母に何も答えられず、私はとにかく、怖くて、ただワアワア泣きわめくばかりです。鼻水なのか？　涙なのか？　汗なのか？　もしかしたら血なのか？　とにかくしょっぱいものが顔全体にうごめき、さらに困惑して、目を回してしまい、天井の茶色い模様と、居間のじゅうたんの赤色がぐるぐる渦《うず》を巻いていました。

そんな時には、子ども心に何度も「死んでしまいたい！」と一人で悲しみをこらえていました。が、厳しい母親の教育を受けていたため、私は、登校拒否をする事も許されません。寒い冬はわざと冷たい水を頭からかぶり、風邪をひいて熱を出そうとしたり、猛暑《もうしょ》の夏には、カンカン照りの日差しで日射病になる事を望み、高い木からわざと飛び降り、骨折をして学校を休みたい、行きたくないと、いじめの不安で毎日おびえる少年でした。

同級生の友達が一人もいません。遊ぶのはいつも5歳も離れた年下の近所の子どもたちでした。勉強も、スポーツも苦手で、無理やり入団させられた少年野球でもいじめられ役でした。

中学に入ってもその傾向は続きます。勉強はそこそこできるようにはなったので、いじめの数は少なくなりました。でも、背が小さく、今じゃ考えられないほど、やせ細っていたので、何かいつも気負いを感じ、周りの目を気にしながら学校に通っていました。

部活も本当は、絵を描く事が好きだったので美術部に入部したかったのです。でも、親の意見や周りの皆の意見に合わせ、バスケットボール部に渋々入る事に決めました。理由は一つ。親に「お前は背が低いのでバスケットボールでもやれば、背が伸びるんじゃない？」と言われたからです。

好きでもないスポーツをしていても、上達する訳がありません。未だにバスケットボールのルールさえも知らないほどです。それでも最初は努力をして通ってました。しかし、自分には向いていなかったのでしょう。次第に私は、朝練習から部活をサボるようになりました。それも親に内緒で……。

朝は部活の時間に合わせて家を出ます。近くの公園で時間をつぶしてから、学校に行きます。下駄箱では、朝練後の部員に見つからないように、ささっと、教室へ向かいます。土曜日の練習は一番長くて嫌だったので、授業が終わると、そそくさと、一目散で駅まで走りました。汚い公衆便所で私服に着替えます。

当時私は埼玉県越谷市という所に住んでおり、北越谷という駅で電車に飛び乗り、東京の新橋によく通っていました。目的は鉄道部品などを売っている専門店に行くためです。そこは、私にとってパラダイスでした。古い駅名標や本物の車掌さんのバッグ、帽子、制服や特急電車のヘッドマークなんかも売っています。こういうものは相場が高く、安いものでも5千円、高いものは50万円もします。とても中学生の私には手が出せません。それでも、見ているだけでも楽しかったんですね。その「物色」が終わると、母親が部活のために用意してくれたお弁当を新橋の駅前広場の噴水のふちに腰掛けて広げます。

うちの母親の「豚そぼろ弁当」はとても美味しいのです。食べ落ちた米やそぼろ肉をハトにやりながら、部活をさぼった罪悪感をかみしめていました。同時に、何か自分だけしか知らない、秘密の時間を味わってもいました。ここまで書けば、ご理解頂けるでしょう？　現在の私の変人ぶりはこの頃から着々と培《つちか》われていたのかもしれません。

高校は男子校。愛読書は鉄道オタクの定番である時刻表。なんと暗い学生なのでしょう。高校時代はクラブも部活も全くせず、学校の帰りはよく、神田の書店街で鉄道関係の本を探し回っていました。とにかく、地味な学生です。ただひたすら鉄道の旅を重ね、一人で絵を描いていました。

学生時代から人生論を貪《むさぼ》り読んでいました

人生はかくも苦しいものなのか？　人に交わるのが苦手な私はその頃その答えを書物に求めました。私は、本を読むのが好きではなかったのですが、あまりに苦しい日々に、中学生の頃から人生論や自己啓発書などを暇《ひま》さえあれば読み漁《あさ》り、「人生とは何か？」「生きがいとは？」「成功と幸福とは？」などと、異常なほど悩んでいた時期がありました。中学生には難しい哲学書もありましたが、わりとすんなり読めていました。

そしてその頃の自分の結論として（今では少し考えが違いますが）、「努力さえすればなんでも可能になる！」私は、人生には「努力」が大切なんだと信じるようになりました。あとで書きますが、実際に中学時代、勉強は苦手だったのに、自分の努力で学年一番の成績を取った事もあったのですから、この時はそう信じていたのも無理もありません。

今から思えばその頃は、自分なりにすごく努力をしていた方だと思います。授業中は、先生の話を一瞬も逃さずノートをとり、教科書に書き込み、参考書を本屋さんで片っ端から買占め、東京の大書店で本職の先生が使う指導用の教材なんかも購入していたぐらいです。先生が配るプリントなんかは、すでに、私も持っているものがほとんどでしたので、すんなり問題を解くことが出来ました。

当時、学習塾にも通っていて、学校や塾の先生用の指導要領なんかも盗み見ており、いつでも自分が先生として、友達に教えられるレベルまでになっていたと思います。

テスト直前の3日間は毎日徹夜をし、眠くなると、ほっぺたを激しく叩《たた》き、足をつねり、冬場などは、凍《い》てつく氷水を頭からかぶり、精神力で教科書を丸暗記していました。また、風呂場にまで、教科書や参考書を持ち込んでいたため、私の教科書はいつもボロボロでした。

こんな具合に少々変わった、血の滲《にじ》むようなやり方と、精神力で生き抜いていく変人型の性格のため（現在は全く楽観的な人間です）、参考書と同じように私は身も心もボロボロ状態で、何かにとりつかれるように辛い暗い人生を過ごしていたのです。

「人間はなぜ生きなければならないのか？　ずっと努力し続けなければならないのか？」

一度は結論を出したものの、やはりその後も悩み続け、いくら本を読んでも全く答えは出てこないのでした。

中学3年10クラスで学年1番の成績をとる……

そんな私にも、厚い雨雲からわずかに日が差すがごとく、小さな成功を体験する事ができた時期もありました。

同級生の友達がいなかった私は、年下の子どもたちに、遊び方や、智恵などを教えていたため、人にものを教える能力がこの頃から少しずつ身についてきたようでした。また、一人ぼっちでいるという事は、自分のための時間がたくさん使えるという利点があります。大好きな事に集中できます。研究熱心さもこの頃から培《つちか》われました。

そんな訳で、もの心がついた頃から鉄道が大好きだった私は「電車の絵」を描き始めました。一人ぼっちで時間が豊富にあったので、たくさんの絵が描けました。その結果、たまたま絵を描くのが得意になってしまったのです。

また、鉄道が好きなため、地名に詳《くわ》しくなり、中学校最初の地理のテストで学年一番の98点をとり、少しずつですが自分に自信がついてきました。

偶然、担任の先生が社会科の先生だった事もあり、その先生に努力を認められました。皆の前で誉《ほ》められた事がよほど嬉しかったのでしょう。私は、これをキッカケに他の科目も一生懸命努力をし、ついに、中学3年の時、10クラスあった学年で一番、5段階評価で「オール5」(体育は2です)の成績をとるまでになったのです。

しかし、実力以上の努力を出し切って無理がたたってしまったせいか、私は中学3年生にして、胃潰瘍《いかいよう》をわずらい、以後、高校、大学入試にもことごとく落ちてしまいます。努力が実ったと思えば、多くの挫折を繰《く》り返す。いつも悩み、大きなストレスを抱えている悩み人間でした。

大学時代、塾講師のアルバイトをやり、クラス全員、志望校に合格

大学受験にも全て落ちて自信をなくし10代最後の浪人時代はほとんど勉強もせず、本を

読んだり、親に内緒で予備校に行っているふりをして近場《ちかば》のローカル線に乗りに、こっそり小旅行を重ねていました。これではいけないと最後の3ヶ月で集中的に勉強し、何とか都内の大学に滑り込みました。

厳しかった親は、私が大学に入学すると、なぜか何も言わなくなったので、私は糸が切れた凧《たこ》のように授業もほとんど出席せず、遊びほうけていました。そんな中、友達から学習塾の講師のアルバイトの誘いがありました。口下手で、人前で話す事が苦手な私ですが、中学時代お世話になった担任の先生のように、将来は「中学校の社会の先生」になりたかったので、それこそ、清水の舞台から飛び降りるつもりでやってみる事にしました。この事が、私に大きな転機をもたらします。

人前で話をする事が苦手な私は、学習塾の授業中、緊張しない様に、前準備をしっかりやることに徹しました。要は教材作りを徹底的にしたんですね。(しかも手作りで)そしたら、意外にもとても評判が良く、私のクラスの生徒は全員志望校に受かり、最盛期は4校をかけもちで、一クラス30人程の教室を任せられた事もありました。

やっぱり、教材作りや「人にものを教える事」が好きだったようです。大学に6ヶ月も行かず、学習塾にのめりこんでしまったほどです。講師のアルバイトで目指したのは、勉強は辛いもの、特に社会の授業は眠い！　という常識を破る事でした。そこで、思いついたのが「駄じゃれ」作戦です。

なぜか私は「駄じゃれ」が得意？　で、その事が功を奏《そう》し、「駄じゃれを連発して、生徒を笑わせた分だけ、社会が得意になる授業」を実現させる事ができちゃった訳です。

例えば、みかんの生産高の多い県別順位の上位3位を挙げなさい、とかいうのが試験によく出ましたよね。こういうのなんか「駄じゃれパワー」が全開です。

姫（媛）！　静かに！　和歌を詠《よ》め！　これで、一生忘れません。

答えはもうおわかりですね。

愛媛県　静岡県　和歌山県です。（当時の順位で、今は変わってるかも？）

この学習塾の体験は、「努力」でなく「楽しんで」、自分で考えてやった事だっただけに、心から充実していました。塾長からも感謝され、生徒も私の事を友達の様に慕《した》ってくれました。小さい頃、近所の年下の子どもたちに遊びや勉強を教えていた事もあり、人生って「努力」が全てではないのだな？「楽しんで」人に役立つ事もあるんだな、自分の悲惨な経験も役に立つ事もあるんだな、と思い始めたのもこの頃からでした。

わずか3ヶ月の猛勉強で旅行業の資格を取得。念願の旅行会社へ就職

前にも軽くふれましたが、私は、大学時代、授業に全く出席しなかった時期がありました。今でも私は月に1回は必ず、大学で単位を落とし留年してしまう夢をみてうなされてしまいます。塾講師のアルバイトが楽しくて、教材作りを自宅や図書館でしていたり、人生論を読み漁《あさ》ったりしていたのです。そして、バイトをして稼いでは旅に出かけ、日本全国の鉄道を乗り歩いていました。まさに手前勝手で自由な生活です。

大学3年生の夏、北海道の夜汽車で私はある運命的な人との出会いをします。寝つきが悪く、談話室のような所でタバコを吸っていると、中年の男性が私に話しかけてきました。この人はさっきから、ポケットベルが鳴りっぱなしで何だかとても忙しそうです。聞けば旅行会社に勤めているらしく、今回はツアーの下見を兼ね、道内を1週間かけて廻っているのだとか。今日が最終日で学生時代を懐《なつ》かしみ、大好きな夜行列車に飛び乗ったとの事でした。東京に戻ったら、即、カナダへ視察旅行に行かねばならない事も話してくれました。

この時、私もこの人のように世界中を旅しながら仕事をしたい！　これぞ自分の天職！と思い立ったのです。

旅行会社に入るには資格を取るのが有利だ、とその人からアドバイスを受けた私は、自宅に帰るや否や、早速図書館に行きました。

すぐに「旅行業務取扱主任者ハンドブック」という本が目に飛び込んできました。法律関係はチンプンカンプンでしたが、あとは大好きな旅行の問題だったのでなんとかなりそうです。しかし、試験までわずか3ヶ月しかありません。

ちょうど夏休み期間だったので、バイトも入れず旅行もせず、これ一本に集中しました。でも最大の理由は好きな彼女にふられてしまった事からの反動でした。(涙)

よ〜し！　彼女を見返してやるぞぉ〜！　とばかりに、まずは体が基本という事で、ジョギングをして、近くのファミレスに行き、開店と同時に隅《すみ》のボックス席を陣取ります。ここが私の指定席。ブレンドコーヒーはお代り自由なので、お昼までに何度も粘《ねば》ります。

そろそろお昼です。店が混み始め、店員さんに煙たがられそうな時間帯です。その時はおもむろに、一番リーズナブルな日替わりランチメニューを注文します。そして、そのまま、夕方までコーヒーのお代りを繰《く》り返し、最初の店員さんが帰るまで粘ります。

そして店員さんが交代してしばらくすると、店で一番安いフライドポテトをオーダーして、最後の首をつなぎます。この時点で夜の8時です。コーヒーを12杯は飲んでいるでしょうか？　これでよく胃がおかしくならなかったなあと不思議でした。

私にとってファミレスは、勉強するには一番環境の良いところでした。適度にざわついていて、店員さんに嫌われないようにする緊張感があり、テーブルは広い。コーヒーの薫《かお》り高い匂《にお》いが脳を心地よく刺激してくれます。おまけに室温も快適。

帰りには書店で立ち読みをします。何を読むかって？　もちろん旅行ガイドブックです。地名の試験に備えて……。

自宅に帰ると遅い食事をします。ここでも勉強です。自分が問題を出し、少し間をあけて答えを録音したテープを聴きながら食事をします。そして、入浴。もちろん参考書や問題集を持ち込みます。寝る前にトイレ。もちろん、試験に出そうな所を紙に書いて、トイレの壁《かべ》に貼《は》り付けていました。ちなみに「大小」両方に対応できるように、前後に貼り紙をしてあったのは言うまでもありません。そして就寝。もちろんさっきのテープを聴きながらの睡眠学習です。

この試験は8科目もあったのですが、なんとか合格しました。（合格率8％）100人に8人しか受からない難関の試験です。人間やればできるんですね。でも努力したというか、勉強するのが初めて楽しく感じられました。

私は、どうしても旅行会社に入りたかった！　私の人生、自分の意思で一番勉強したのはこの時期です。例のふられた彼女からよりを戻そう？　と手紙をもらっていたのですが、返事も書かなかったほどです。

近所のファミリーレストランの皆様ごめんなさい。今の私があるのはみなさん（特に振られた彼女）のおかげです。本当にありがとうございました。（苦笑）

営業所配属3秒で会社を辞める決心？

1991年4月。私は、意気揚々と株式会社読売旅行の入社式を迎えました。大学生時代、旅行業の資格を取得した私は、同期の中でも資格を持っている新入社員は皆無だったので、エリート街道をまっしぐら！　であったはずなのですが、なんと、埼玉県大宮営業所で経理をするように命じられます。一瞬で私は「この会社を辞めよう」と思ってしまいました。

借方・貸方・勘定残高？？？　ちんぷんかんぷんです。嫌な仕事はいくらやっていても頭に入りません。唯一、息抜きができたのは、郵便局や銀行にお金を下ろしに行く時に外へ出られる事ぐらいでした。

元来、私は大人しい性質なので、なかなか職場の人たちともなじめませんでした。昼休みは銀行へ振り込みに行くのを理由に、いつも一人ぼっちで昼食を食べていました。それも、わざわざ人目につかない市役所の食堂へです。（安いですしね）

大学時代はそこそこ楽しかったのに、また小学生時代のように私は、一人ぼっちになってしまったのでした。毎日、会社に来ると、ひたすら意味不明の伝票を打ち続け、昼、銀行や郵便局へ出向いて、夕方金庫あわせ、金勘定をする、という作業の繰り返しでした。

「いったい俺は何のために旅行会社に入ったのだろう」いつも帰りの電車の中で愚痴《ぐち》をつぶやきながら、帰宅しては一人でやけ酒を飲む、という毎日を過ごしていました。

そして、学生時代、塾講師の他、バイトでお世話になったビル清掃会社で、もう一度働かせてもらいたいと本気で考えていました。実際私は、入社後三ヶ月間は、本業の旅行会社を定時で上がり、夜は11時までビル清掃のアルバイトをしていて、数ヶ月ほどで旅行会社を辞め、ビル清掃会社の正社員になり、絵でも描いて自由に過ごすつもりでいたのです。ここには俺の仲間がいる。それが私の心の拠《よ》り所でした。

それでも経理の仕事のほかに添乗員の仕事が時々回ってきました。こんな私でも、添乗だけは本当に楽しかったのです。この会社に入ったのも、他の会社に比べ、たくさん添乗に出られるというのが一番の理由だったのですから。

新入社員時代の私は、コースのガイド冊子を独自で手作りで作成し、お客様のために配っていました。ツアーから帰着すると、自ら進んでお客様に旅行参加のお礼状を出していました。夕方まで会社で仕事をし、夜、ビルの清掃をして深夜に帰宅、その後自作ガイドブックを作成して、一睡もせず、添乗に出かけて行った事もあります。それほど、私は添乗が大好きでした。

そんな私の行動を評価してか、哀れんでもらったのか、いつも一緒に仕事をしている経理のおばちゃんが気をつかってくれ、私の好きな列車コースや比較的デラックスなコースを当時の次長にお願いをし、添乗によく出させてくれました。同期の誰よりも早く海外添乗に行かせてくれたりもしました。(行き先は「マレーシアとシンガポール。あこがれのマレー鉄道にも乗車できるツアー」でした)

当時の私は、海外旅行の経験など皆無で、英語なんて全くしゃべれず、(英検は4級も見事落ちてしまった程です)飛行機にも乗った事がなかったこの私に、海外へ行って来いというのだからびっくりです。

こうして私は、おばちゃんに、「飴《あめ》とムチ」で上手く使い分けられながら、経理の仕事を叩き込まれました。初めはイヤイヤやっていた経理の仕事でしたが、どっちかと言えば自分のペースでコツコツできる仕事なので、次第に仕事をきちんと覚えるようになってきました。

そしてそんな私を、当時の所長が何かと気にかけてくれました。こんな気弱な私に、重要なお得意様の営業関係の仕事を任せてくれたのです。私も、大いに張り切りました。

海外添乗《てんじょう》で参加者全員の航空券を落してしまい、雪国新潟へ

しかし、やはり私の口ベタぶりと、対応の足りなさから、常に緊張して仕事をしていたため、その大切なお得意様の海外添乗で、参加者全員のエアーチケットを紛失してしまいます。それが事もあろうに、その組織の会長夫人に拾われて、事が大事に至ってしまいました。

1996年2月、突然、アパートの玄関やガラス戸をドンドンと激しく叩《たた》く音がしました。今日は、振替休日です。仕事に疲れた私は、朝から酒を飲み、昼に中華料理店で、チャーハン・ラーメン・餃子・野菜炒めのスペシャルメニュー（自称）を平らげ、気持ちよく熟睡をしていたところでした。

「たいへんよ。あんた新潟に転勤だって！」

と、当時付き合っていた彼女（今のカミさん）が、ぜいぜいと肩で息をしています。そうなのです。今日は人事異動の内示の日なのでした。ウチのカミさんも同じ会社で働いていたため、いち早く私の異動を伝えに来てくれたのでした。

「俺、会社やめるよ。やっぱり旅行会社は向かないんだよ。お得意さんをいつも怒らせてしまうし……」と私は、吐き捨てるように言いました。

「ビル清掃をやって暮らすよ。新潟行ったら営業所の人数が少ないから、何でもやらせられるんだ。いまさら、旅行の企画なんてできやしない。車の免許さえも持ってないんだぞ！」

その夜は浴びるほどお酒を飲み、会社なんか辞めてやると何度も何度もわめきながら、やけになり、下宿（川崎市高津区）の近くの居酒屋で吐くまで飲み続けました。

会社の送別会では温かく送り出されたものの、一部の人からは冷ややかな声もあがりました。「経理しかわからないあいつに何ができる?」「車の免許がなくて地方暮らしなんかできるわけないだろ」「後輩のほうが断然仕事ができるから、あいつはよっぽど頑張らないとダメだよ」

（やはり、無理をして、自分に向かない仕事をするとこうなるんだ。新潟に行っても、自分にとって何一つプラス材料が見つからないじゃないか！）

辞めようという気持ちの方が強く、何度も悩みました。でも彼女が転勤の内示の日に話してくれた言葉が脳裏から離れません。

「仕事を辞めるのは、いつだってできるんじゃない？　とにかく3ヶ月限定で新潟で仕事してみればいいじゃん。駄目ならビル清掃でもなんでもしてみたら？　新潟県にはあんたの大好きな蒲原《かんばら》鉄道っていうローカル線だって走ってるんじゃない？」と。

彼女は、ローカル鉄道の写真集を両手で大きく広げながら、話してくれたのでした。

今から思えば、それがカミさんの作戦だったのでしょう。初めは、とっつきにくいけど、なじむと結構楽しんじゃう私の性格を……。そして、その作戦は大当りでした。先輩も後輩も所長も次長もみんないい人たちばかりで、大きな営業所から配属された私には、この家族的な雰囲気の営業所がとても水に合っていたようです。

新潟でスタートした「地方暮らし」は何かとてもいい感じです。時間がゆっくり流れていて、お酒も、魚もおいしいし、人情も豊かです。とくに、営業所の人たちに助けられました。車の免許もない私に、教習所に通う時間を調整してくれたり、経理しかわからない私をバカにもせずに、親身に旅行の企画やチラシの作り方などを丁寧《ていねい》に教えてくれた後輩に、今思えばとても感謝しています。そして、あとの章で書きますが、新潟営業所時代は私の旅行業に関する原点の学びの場となり、実践の場となりました。自分が企画マンとしてぐんぐん実力を伸ばしたのもこの頃でした。

とはいえ、すべて順調であったというわけではありません。

企画をする事に素人の私には、なかなかヒットコースを生む事が出来ません。ひどい時は、1ヶ月の間、1本もコースが催行《さいこう》できず、非常に肩身の狭い思いをしていました。

そんな中、たまたま全日空の「新潟―九州便」が増便するという事で、特別レート（料金）を航空会社からもらえる事になりました。増便といっても、最終便で福岡へ向かい、早朝便で帰るという極めて不利な時間帯の商品造成でした。1泊2日にすると、福岡に滞在する時間など全くありません。

そこで私は、妙案を考えます。福岡に2連泊してその間の日に長崎県のテーマパーク「ハウステンボス」に1日ゆっくり滞在する、「飛行機で行く春休みハウステンボスライナー」39800円という企画を発表したのです。

この企画が売れるかどうか、所員のみんなや航空会社の人などは半信半疑でしたが、結果的には、発表後、満席日が続出し、短期間で500名ほど集客できてしまったのです。

当時の新潟営業所で、こんなに飛行機コースが多数出発する事は皆無であったため、所長やみんなにすごい！　とおだてられ、初めて企画の楽しさを実感しました。（なんと、恥ずかしながら当時、九州のコースは一年に一本しか催行していなかったのです）

その翌年、人事異動で、所長と次長が変わりました。当時の新潟営業所は年間約2000万円もの赤字営業所であり、それを立て直す意図で関西からその二人の上司は転勤して来ました。所長は一見、物腰がやわらかい方でしたが、数字には厳しい人でした。

私が一番印象に残っているのは、沖縄のコースです。新潟営業所は1年間で10本ほどしか沖縄へ送客していなかったのですが、同業他社は毎日の様に沖縄へ大量送客しているのです。料金もこちらが59800円、ライバル会社は49800円です。料金面ですでに勝負あったという感じでした。

「それじゃぁ野村君、ウチは沖縄を39800円にして売ろうや！」と、突然、新任所長は満面笑顔で関西弁で話し始めます。

「所長、お言葉ですが、そんなんじゃ大赤字になりますよ。無理ですよ！」

と私は、パブロフの犬のように条件反射的に言い返してしまいました。

「とにかく、つべこべ言わずにやろうやないか！」と、所長は手際よく、印刷会社に連絡し、なんと新潟発の沖縄ツアーを39800円で販売する事になってしまったのです。しかも、牛ロース、伊勢海老のお土産までついて……。

新聞折込チラシを折り込んだ週明けの月曜日の朝、会社に来ると、じゃんじゃん電話が鳴っています。そして受ける電話、受ける電話、39800円の沖縄ツアーばかりでした。私は、嬉しい悲鳴でなく、赤字の垂《た》れ流しだと悲しい悲鳴ばかりあげ、早く電話が鳴り止んでくれ！　と内心、必死で祈り続けました。

しかし、1日で200名ものお客が集まってしまい、私は（赤字になっても知らないぞ！所長が勝手にやった事だ、所長の責任だ！）と心のなかで愚痴《ぐち》を言い続けていました。そんな私の心の中を見透かしたように、「野村君。明日から、沖縄へ行って料金交渉しておいでよ」と所長は、ニッコリ余裕の笑顔で笑いかけるではありませんか。

「ひどい、そんな絶対無理に決まっている。一人2万円も料金を下げる事など無理だよ……」

気が付くと、私は那覇《なは》空港に到着していました。出口には、いかにも沖縄の人というおやっさんが私を出迎えてくれました。料亭の営業をやっている割には、あまりにも胡散臭《うさんくさ》いおやっさんで、運転中、なんども携帯電話が鳴り、金のネックレスやブレスレットなどがチャラチャラ、その度に光っています。

「野村さん、沖縄は初めて？」

「いや〜、添乗では何回か来てますが、交渉は初めてなので、よろしくお願いします」

「わかった、わかった、俺に任しておけ！」

意外とフレンドリーなおやっさんで、人見知りする私でもすぐ打ち解ける事が出来ました。そして、何よりもすごいのは、このおやっさんのネットワークの広さです。沖縄の観光業者なら、だれとでも顔を繋《つな》いでくれるのです。バス会社、ホテル、ドライブイン、パイナップル園、すべて私の望み通りの金額でみなさんが協力してくれました。もちろん私も必死です。土下座寸前で頼み込み、希望の金額に下がるまでテコでも動きませんでした。

夜は、この胡散臭《うさんくさ》いおやっさんが音頭を取ってくれ、昼間に伺った全施設の方々が一同に集まってくれ、私を励ましてくれました。

(すごい、すごい、沖縄に来て良かった！　やればできるんだ！　私はこの人たちの恩を一生忘れない！　次回沖縄に来る時はこの10倍のお客様を集め、びっくりさせてやるんだ！)

帰りの空港でおやっさんに何度も私は手を振り、頭を下げ、涙を浮かべながら沖縄を後にしました。

こうして、大赤字が危ぶまれた沖縄コースは、現地の皆さんの協力のお陰で、最終的にはきちんと利益を引き出す事ができました。それ以上に現地の業者さんとの強力な繋《つな》がりというお土産まで付いて来たのです。私にとってそれは、その後の自分の人生の財産になっていくのでした。

新潟営業所勤務の5年間、絵を描く事が大好きな私は、チラシのデザインやコピーライト、アイデアを考えるのが楽しくて仕方がなく、嬉々として仕事をするようになります。仕事が楽しければ、実績がグングン伸びます。

当時、新潟地区で最下位であった飛行機コースの実績をライバル会社を負かし、募集旅行では地域ナンバーワン・クラスの旅行会社へ飛躍するまでになりました。

そしてこの厳しくも、最後まで諦《あきら》めないものの考え方を教えてくださった当時の村岡所長、それから、全国の業者さんを私に引き合わせてくれた橘田《きった》次長には、今でも本当に感謝しています。

えっ！　今度は山形へ転勤？　厳しい上司となじまない部下

新潟に転勤してから5年後、こんな自分でもなんとかなると、ようやく自信がつき始めた頃、私にまた転勤辞令が下ります。行き先は山形営業所です。当時、新潟営業所よりさらに小さな開設間もない営業所でしたが、次長で行けと突然言われ、私自身が一番驚いてしまいました。

というのも、私は同期の中でも出世がだいぶ遅れており、まだ主任でもない平社員の自分が突然、次長で行くのだから、不思議でなりません。まぁ、そんなこんなでめでたく送り出され、「次長さんでいくんでしょ！」「いよう！　出世がしら！」とかおだてられて、まあ、同期の中では、次長になったのは2~3番目だったものですから（見ている人は見ているんだなぁ）と自分でもまんざらでもない気持ちで、山形営業所配属1日目を迎えました。


「おはよう~」

「………………」

なんか元気のない営業所です。開設3年目の営業所で売上げが7億。スタッフは5名のぐんぐん伸びている営業所と聞いていたので何かおかしい。

「新潟からきた野村で~す。よろしくね」と第一印象が大事と思い、暗いこの私が自分では精一杯明るく話しかけたつもりです。

「ああ、よろしくおねがいします」と所員。

なんか他人行儀というか心が通っていない挨拶です。地方の人は恥ずかしがり屋なんだ。そうなんだ、と自分に言い聞かせ、次長職の記念すべき1日目が始まりました。

私自身転勤は2回目なので、新参者はあまり最初は皆の仕事に口を出さない方がよろしい、という事は重々承知していました。でもあまりにも効率の良くない仕事をしていたので、つい所員に口を出してしまいました。すると……。

「これでいいんです！」

「でもこうしたらもっと数字が上がるよ！　なんか変えられない理由でもあるの？」

「これでいいからいいんです！」と言い放ち、彼はちらっと当時の所長の方に目をやります。他の所員もそうだそうだと言わんばかりに、小さな声でささやいています。（なんか感じ悪～い営業所だな）

こうなれば、私も意地です。当時の所長とも考え方が違うので、よく意見が合わずぶつかりました。私は昔から口喧嘩《くちげんか》が弱いので、対抗上、数字（実績）で勝負していました。意見が合わない時は、とにかくやっちゃう！　だから失敗が許されない。すごくリスクが高い。そんな私を所員、添乗員は実に冷やかな目で見ています。

しかし、私には新潟時代からの業者さんとのネットワークがあります。とことんツアーを安くする技術があります。交渉力、仕入れ力はおそらく、読売旅行の全営業所中、飛行機コース担当者では、ピカイチであったと当時自負していました。

さっそく、北海道を激安価格で販売。当時、他社が7万円前後で販売していたものを39800円のサンキュー価格で発表！　その名も「びっくり北海道」として企画、発売、1日で完売してしまいました。

(どうだ、すごいだろう！　これで所員も私についてくる！)と私は心の中では大威張りです。

ところが……。

「次長(私の事)のコースなんて添乗で行きたくない！　コースはきついし、宿は良くない　安けりゃいいってもんじゃない！」と当時の所長に所員が告げ口する始末。

(新潟時代の温かかった添乗員さん達に想いを馳《は》せ、あの時は私の作った、きついコースも皆で助け合って乗り越えてきたではないか？　なんだ山形の奴は、勝手にしやがれ！)

しかし、それは私が自分勝手に仕事ができなくなる前触れだったのでした。私は「所内裁判」にかけられてしまうのです。

添乗員、社員の前で、私の企画したコースがどんなにキツイ行程であるか？　宿や食事内容がどんなに悪いか？　要は全員、私の事が気にくわなかったのでしょう！　でも私は、きっぱり言いました。

「皆さんのいう事を聞いていたら、確実に売上げが減《へ》っちゃいますよ！」

そうしたら所長や皆にきっぱり言い返されました

「お客様がかわいそう！　お客様をだますな」と……。そして所長のとどめの言葉です。

「ここは山形だろ！　新潟じゃないんだぞ！」

私はもう何も言えません。全員が汚い捨て犬でも見るように、私の事を見ています。

その時私は決めました。1年後、全エリアの飛行機コースをすべて39800円にして、受注を2倍にしてやる！　誰がなんと言おうともやってやるぞ！　それを果たしたら、「こんな会社を辞めてやる！」「こいつら見返してやる」と。

すごく闘志が湧いてきました。いじめられっ子だった私は、負け犬だけにはなりたくありませんでしたから。

次の日からは、印刷屋、バス会社、ホテル、お土産屋にかなり無理をいって交渉をし、得意のチラシもこれでもか？　これでもか？　と深夜2時、3時まで印刷屋と怒鳴り合って、ツアーを売るにはどういうデザインがいいのか？　キャッチコピーはどうすればよいのかを真剣に考えました。ここまでやると、本当に、私が作るもの、そのほとんどが売れてしまい、どんどん営業所の数字が上がっていきました。半年で昨年分の飛行機コースを売り切ってしまったくらいです。次長という立場なのに、所員のマネジメントなど一切しないで、飛行機コースを売る事だけに命を賭《か》けていました。

とうとう、所長も呆《あき》れてしまったのでしょう、もう私には何も言わなくなりました。

パジャマで出勤事件

山形に次長になって転勤して、まだ日の浅い、仕事にのめり込んでいたある日の早朝、緊急携帯電話が鳴り、その日出発のツアー添乗員が寝坊して、集合場所に来ないというトラブルが発生しました。ところが前日遅くまで仕事をしていた私はうっかり、ツアーの準備確認書をすべて会社に置いてきてしまったのです。これは大変です。お客様に迷惑はかけられません。すぐ家を飛び出して、車を飛ばし会社に駆け込みました。方々に連絡をとり、代替の添乗員も上手く手配が出来、我に返ると……。

なんと、パジャマ姿に黒い革靴というあわれで滑稽《こっけい》な格好をしていたのでした。恥ずかしいから家に帰って着替えてこようとしたら、始業時間が近づいて、続々と所員が出社してきてみなクスクス笑っています。そうこうしているうちに朝礼が始まり、私は仕方なくパジャマ姿で朝礼に立っていたのです。

山形に赴任して半年間、なかなか所員になじめなかった私ですが、パジャマに革靴の裸の私が表に出てか不思議な事に、なんかこの日を境に所員の私の事を見る目が、少しずつ温かくなってきたような気がしてきました。私が気張りすぎて、意固地になっていたのでしょう。所員が私になじまなかったのではなく、私が溶け込んで行かなかったのでした。次長になったからといって天狗になっていたのだと思います。

「ありのままの自分を受け入れ、ありのままの環境も先ず受け入れてみる」この事が大切なのです。反感ではなく、相手にまず共感する気持ちが大切なのですね。

びっくり、えっ？　俺が所長？

さて話を戻します。かくして私は35歳という若さで、山形営業所の所長になりました。この山形営業所は約7億円から約20億円へと、約5年間で売上げを3倍弱に伸ばし、営業利益は全国2位、2年連続社長賞をいただく超優良営業所になっていったのです。これも山形営業所の全員のがんばり、読売新聞社、各販売店の方々、各関係機関の多大なご協力のおかげです。本当にありがとうございます。

しかも、当時、私は全国の読売旅行の営業所の中で最年少営業所長でした。辣腕《らつわん》の前所長が伸ばしに伸ばした山形営業所を引き渡された形なので、すごいプレッシャーです。内示の日、まさか自分が所長になるなんて思っていなかったものですから、びっくりして、不安で一杯となり飲み歩き、携帯電話を無くしてしまったほどです。

所長になりたての頃は、心配で夜も眠れず、朝3時に用事もないのに出社していました。期待と不安でなんか熱いものがこみ上げてきます。

「焦《あせ》るなよ〜、焦るなよ〜」というのが、前所長の申し送りでした。

わかっていてもやはり焦ってしまいます。次長時代はなんだかんだ言っても責任は所長にあります。自分が所長とあっては、文句や愚痴《ぐち》だって言えません。やるしかないのです。そして、営業所の入口に立って早朝の誰もいない所内で腕組みし、一番奥の自分の机を見据えます。そして、2周、3周と所員の机の上をゆっくり見廻しながら歩き始め、綺麗《きれい》に整理された自分の机に腰掛けました。そして大きな紙に筆ペンで所信（初心）を次のように書き込みました。

●月曜日が楽しくなるような営業所にしよう
●5年以内に20億の売上げにしよう

人間として、自分はたいへん不器用な性格で、口ベタです。おまけに第一印象は頼りない感じであると自分でも自覚しています。でも、ここまで数字を上げて来たのも自分の変な意地があったからです。所長として対外的な交渉事は苦手で、少し努力が必要かなと思っていましたが、旅行業における、また観光集客への数字の取り方からチラシの表現の仕方などは、次長時代から1冊の本が書けるほど、自分なりの考え方を持っていたので、なんとかなると思い、覚悟を決めました。

そして一番嬉しかったのは、所長になった時、お客様から「おめでとう」といわれた事です。しかも、山形営業所に配属されて一番最初に、お叱りを頂いて、お詫《わ》びにご自宅へ訪問したお客様からだったのです。当時、ツアーの宴会の時、当社の心ない添乗員の対応が悪く、初め、お詫びに行っても口も利いてくれなかった方だけに、その山形人の心の広さ、温かさには涙があふれました。

やっぱり、会社を辞めなくて良かった。よし、山形県のお客様のために、もっとがんばるぞ！　と心に誓い、5年後、県内旅行代理店の売上げトップクラス。本当に約20億円を売上げる営業所になれたのでした。

野村式チラシ作りの1例。東北の6つのローカル鉄道へ観光客を集めるため仕掛けたイベント。顔は出る、割引はある…すごい！

第4章

駄目野村流「逆発想集客術」で年商20億円達成！

ふるさとの田園風景を走る
フラワー長井線
（羽前成田〜白兎）

旅行会社とトラブル

20億って簡単に言い切ってしまったんですけど、実感として皆さんはどう感じますか？牛丼で言えば約550万食売らねばならない数です。1泊2日のバスコースの単価がだいたい一人2万円くらいですから、約10万人の参加が必要です。

もちろん、これは、前任の所長や山形営業所の全所員や読売新聞、バス会社、ホテル、ドライブインなどの関係機関の方々の努力の賜物です。事故や事件、クレームなどいろんな事が起こりました。「汗と涙の旅行代理店物語」これだけで1冊の本が書けてしまうほどです。例えばこんな事がありました。

「たいへんで～す！　新幹線が行ってしまいました～！」

早朝からけたたましく緊急携帯電話が鳴り響き、なにか大変な事が起こったようです。落ち着いて話を聞くと、山形新幹線、東根駅の正面玄関が開かないため、添乗員、お客様がホームに入れず、置き去りにされたまま朝一番の新幹線が出発してしまったというのです。原因は駅の警備会社の社員の寝坊。これはテレビなどで全国ニュースにもなりました。

もう一つ、新幹線ネタなんですが、上野駅でお客様の新幹線への乗車途中、急にドアが閉まってしまい、乗客４名と添乗員そして、なんと夕食用のお弁当45個が積み残されたまま、新幹線が出発してしまうという考えられないトラブルもありました。

当日、私は山形駅にお客様を迎え、お詫《わ》びに行き、逆にお客様から励ましの言葉を頂き、山形県の方々の温かさをあらためて感じ、取り残された添乗員を激励しました。そして残った駅弁45個全部を食べるつもりが４個でダウン……あたりまえですね。それでもよく４個も食べたよなぁ～（笑）。

このように旅行会社に勤めていると、思いもよらないトラブルに巻き込まれてしまう事があります。明日のツアーバスが５台も取れていない、飛行機の時間を間違えて航空券が発券されていた。祭りの開催時間がずれていて、着いたら終わっていた。お客様が泊るホテルの部屋が無い事が前日に判明した等々、心休まる暇《いとま》もありません。出発前、空港で土下座した事もあるくらいです。しかし、トラブルの対応と同じくらい旅行ビジネスは厳しい競争ですから、普通にやっていてはとうてい20億という数字には逆立ちしても届きません。

私の勤務していた営業所は東北の地方都市、山形市です。なんと市内の人口は24万人しかいません。ビジネスの対象、営業エリアである県全体の人口でも１２０万人そこそこです。お隣の宮城県の県庁所在地である仙台市の人口が約１００万人ですから、山形営業所は商売をするのには、ちょっと大変な所です。

しかも私は、埼玉県出身の都会育ち？　でもあるので、地方の人々に溶け込むのも大変でした。それでも、手前味噌でありまた重複しますが、最盛期には読売旅行全社内で全国第2位の営業利益を稼ぐ営業所となり、2年連続、社長賞を表彰される優良営業所に成長することができたのです。いったい、この営業所で、なにが行われ、どういう営業展開をしたのだと思われますか？　この本の中で綴《つづ》った営業展開の具体例は精神論でなく、私の体験した事実をありのままに書き下ろしたものですので、読み進んでいくうちにその謎《なぞ》がとけていく事と思います。特にこのコーナーは、旅行業界や観光関係の方にとって、ビジネスのヒントになれば大変ありがたいです。

「駄じゃれ?」が「ヒットチラシ」の秘密です

さて、20億円売上げた秘密のアイデアは〝三つの駄〟――「駄○○○」「駄○○屋」「駄○所長」がヒントです。その〝三つの駄〟について説明したいと思います。

まず「一番目の駄」の正体です。私の勤務先であった読売旅行山形営業所には二つの自慢があります。一つ目は、所内に「駄じゃれ」が飛び交《か》う事です。朝礼や終礼で「駄じゃれ！」、企画会議でも「駄じゃれ！」、広告宣伝会議などは「駄じゃれ」～のオンパレードです。

所員が電話に出るのが遅ければ「電話にでんわ！」と、所長である私がおやじギャグを連発する、それがこの営業所の方針（？）でした。だって、「笑い」がなければ楽しい旅行コースなんて作れないじゃないですか？　自分の子どもにも長女を「笑」（えみ）、次女を「夏笑」（なつえ）と名付けてしまったぐらいです。（笑）

山形営業所にはありがたい事に、毎年新入社員が2名ずつ（最低でも1名）入って来ていました。本社の研修で社会人とは何ぞやと学んで、いざ営業所に来てみれば「駄じゃれの海」、ミスをして私に怒られても「駄じゃれで返せ！」「オチをつけろ！　そうしたら許す」という始末。こんな会社は他にはないでしょう。

もう一つは、面白いチラシを作成している事です。どんなチラシでも所員や海産物屋のおやっさん、バス会社の担当者、ホテルのフロント係の顔写真などが紙面でお客様に笑いかけ、話かけ、とても賑《にぎ》やかなんです。もちろん駄じゃれの大連発です。

例えば、ジャイアンツ優勝記念価格＝5千円（御声援）ありがとうございます。これからも（4649円）よろしく値（ね）とか、敬老の日謝恩価格＝5963円（ご苦労さま）価格など、楽しさ目白押しです。

所員の机の上は、パチンコ屋さんの開店チラシをはじめ、スーパーの特売チラシ、電気店や釣り道具店などの特価チラシなどが所狭しと山積みされ、所員が腕組をしながらチラシの創作を楽しんでいます。だからとんでもないアイデアが浮かんでくるのです。

しかも当時私は所長になったばかりで、次長時代ではできなかった奇抜な発想のチラシも、所長権限で好きに作る事ができたので、本当に仕事が楽しくて仕方がありませんでした。どんどん新しいチラシや仕組みを開発し、「チラシの野村」と読売旅行の全国の営業所でも少々顔を知られるようになってきました。

ここでは、そんなものの考え方の話をご紹介いたします。

一番のヒット作が「旅のすご69市」というチラシです。どういうものかというと、1年間分の12の日帰りコースをまとめて12個買って頂くというものです。1回の電話で一つのコースの申込みは普通の事ですが、山形のお客様は2個3個まとめてお買い求め頂く機会が多いので、この方法を思いつきました。

それと、私は毎朝、異業種のチラシに目を通す事を日課にしており、最近よく「日本酒12ヶ月」とか「北の味覚12ヶ月」など、手に入りにくいものや、旬《しゅん》のものを一番良い時期にお届けする、産地直送ものなど（いわゆる頒布会《はんぷかい》）が新聞に折りこまれて来るので、旅行商品でもこの販売方法を使えば、１枚のチラシで12のコースをＰＲでき、チラシ代も12分の１に節約できるので、絶対売れると確信し、所員の柔らかい頭を借りて発売に至りました。

お蔭様でその後、北は札幌営業所から南は高知営業所まで全国約15ヶ所近くの読売旅行営業所でこの販売方法を取り入れてもらう事ができました。結果も上々で、12個をまとめ買いするお客様が続出！　Ｂ４一枚の新聞折込１色チラシで延べ２千名以上を集客した営業所も続出しました。

さらに、昨年、その進化バージョン「旅のダーツ市」を実施し、会社の創立45周年記念にちなみ、「45個の日帰りつかみどり市」を実施。最高１度になんと41コースのお申込みをくださったお客様がいらっしゃいました。これは想定外の事であり、所員全員で、本当に驚いてしまいました。

「駄目野村流」駄菓子屋的発想とは？

時は、昼下がりの午後1時55分。今日は珍しく電話も鳴らず静まり返った営業所内。あまりに静か過ぎて、不気味なくらいです。いつもは聞こえないパソコンのキーボードをはじく音までがカタカタと聞こえてくるほどです。

午後2時ちょうど、突然、全部の電話機が鳴り出します。と思ったら、「ジャンケンポン」「あいこでしょ！」という声があちらこちらから聞こえてきます。いったい何事が起きたのでしょう。今日は「旅のサマーじゃんけん大会、おかげサマーで45周年祭」のツアーの売りだし開始日なのでした。電話で、じゃんけんに勝つと、なんと500円引きという特典を付け、顔は見えないけど、所員もお客様も十分盛り上がっています。

「野村さん、こういう発想はいったいどこから出てくるの？」とよく聞かれるので、ここで、私の二番目の正体。「駄○○屋のおやじ」について書くことにします。

私の仕事以外のプライベートタイムにはもう一つの顔があります。第2章でご紹介した、私の移動美術館&レトロな駄菓子屋の活動です。最初のうちは、交通費、宿泊代はすべて自分持ちでした。限られたおこづかいで運営しているため、たまに主催者から余った弁当なんかを分けてもらうと、うれしくて涙が出てきました。極力ジュースなどの飲み物は買わず、家でつくった麦茶を大きなポットに入れておき、お客さんにも振舞っていました。

東京など遠方に招かれて行く時は多額の交通費（ガソリン代他）がかかります。そんな時は、私が交通費を全額負担し、妻が家計からやりくりをしてくれ、残りの宿泊代や食費を捻出《ねんしゅつ》してもらっていました。（カミさんには本当に感謝しています）

それだけに、仕入れた駄菓子を売り残すわけにはいきません。とにかく最初のうちは売りさばくのに必死でした。

この事が逆に、私の頭を柔らかくし、アイデアがたくさん浮かんでくる脳ミソに代えてくれたのです。しかも、小学生や中学生や高校生たちが私の事を「おじちゃん」と慕《した》ってくれるので、ますます楽しくなります。脳ミソも子どもたちの気持ちに若返っちゃうんですね。そこで、ダーツゲームの景品当てや、まとめ買いを思い付くわけです。10円、20円の駄菓子を一個一個売っていたんでは、日が暮れてしまいます。在庫の山ができてしまいます。

最初は、「20円の駄菓子10個で１００円！　もってけどんどん！」とやったらすぐ売れちゃいましたので、この手を使って在庫になりそうな駄菓子を売りさばいていました。でも、これでは利益がマイナス、赤字事業になってしまいます。なんと言っても、自分自身が毎回、閉店セールをやっているみたいで、情けなくなって来ますので、あまりやりたくありません。（なにか良い方法はないものか？）

そんな時、20円のガムがコンスタントに良く売れている事に気が付きました。私は20円の値段をつけていますが町のコンビニなどでは10円で売っている商品なのに……不思議です。

まず、気がついたのは、①駄菓子には「定価」というものが無い事。（本当はあるのですが店によってまちまちで、もともと単価も安いので、ほとんど文句を言われた事がない）②このガムは当たりくじ付だという事。そうなのです。子どもは「くじ」が大好きなのです。何となく頭が「モヤモヤ」しだし、私にも突破口が見えてきました。

この考えからまた思いつき、私は「ダーツセット」をリサイクルショップで安く購入して、1回100円で当たった数だけお菓子がもらえるという仕組みを考案しました。（お店に来てくれた子どもたちのお父さんお母さん、ゴメンなさい）

直江兼続《かねつぐ》と上杉鷹山《ようざん》などで有名な山形県米沢市。そこで行われる恒例の「ドラマチックえびす市」というまちおこしのイベントで、このゲームを初公開したところ、長蛇《ちょうだ》の列ができてしまい、初めて、仕入れた駄菓子が完売、売上げも1日で2万円を超えるようになりました。（でも利益は2千円位、交通費、食費なんかを入れると大赤字です。涙）

同じ仕組みで山形県村山市の「東沢バラ公園」でも試みたところ、市の職員が、小学校に告知して頂いた事もあり、午前中に駄菓子は完売。あわてて近所のスーパーやコンビニで、売っていた全ての駄菓子を私が買占めてしまいました。その日は、村山市内の駄菓子という駄菓子を全部私が売りさばいてしまったのでした。

この発想がまさに、「日帰りツアーを12コースまとめ買いしてもらう」アイデアや、「電話でじゃんけん大会」なんかを思いつく原点なんです。これが二番目の「駄」、「駄菓子屋的」発想です。

そうそう、「じゃんけん」大会を思いついたヒントなんかは、私と一緒にイベントに出店をしていた、いわゆるプロのテキヤの「チョコバナナ」売りのおにいさんのパクリです。「じゃんけんで勝ったら、もう一本サービス」と、これを旅行代理店の電話受付に活かしただけなんですよ。（教訓・良いアイデアはパクる、いや、真似る！）

「駄目野村流逆発想の集客術」で若い人材を教育する？

三つ目の最後の「駄」は「駄目所長」の駄です。私は所長らしくない所長でした。なぜなら部下をしっかり管理できないからです。というか、管理なんかしたら、新しい発想など出てこないと思ってますし、自分が平社員だったころ、これやんなさい、あれやんなさいと言われて、しぶしぶやった事は一切自分の身にならなかった経験があるからです。

例えば旅行の商品を作るには企画書が必要です。これが無くてはコースも組めません。当然料金だって算出できません。でも私は「そんなの必要ない！　売る事を考えろ！　お客様が商品を買う、電話で申し込みする心理を考えろ。そしてまずチラシを作れ！　順番が逆なんだよ」とやるものですから、所員にとってはチンプンカンプン。でもこれが「駄目所長流逆発想の集客術」なのだから仕方がありません。

仮に企画書が必要だとしても、現役時代に企画書を書かなかった人間（私）が部下に注意できるわけがありません。私は「企画書レス（無し）の野村」として全国の営業所で有名人（有迷人？）でした。

でも、あいつのコースは、どうしてあんなに安く売る事が出来るのか？　どうしてヒットするのか？　どうして、あんな大雑把《おおざっぱ》な野郎が細やかなチラシをつくれるのか？　という具合に、摩訶《まか》不思議な存在であった事は確かだと思います。「野村マジック」などと、揶揄《やゆ》されていました。（楽天の野村監督ごめんなさい）

私は人にものを教える事が好きです。でも、私流駄目所長の教え方はまた変わっていて、教えるどころか、質問ばかりしていきます。教えてから質問してくれるのなら納得なのですが、とにかく順番が逆なのです。だから部下は最初戸惑います。例えば、さきほど紹介したすごろく市のアイデアなんかは、以下のような所員との会話から生まれました。

～ある日の山形営業所（新企画が生まれる瞬間）～

所長「なんか、お正月あけにどか～んと面白いチラシやらないか？　正月っていったらなんだろう？」

社員「カルタ、凧《たこ》あげ、餅《もち》つき、それからお年玉！　そうそう、所長、お年玉大バーゲンセールなんてどうですか？」

所長「それは去年のお正月旅の福袋大バーゲンセールと同じコンセプトだな」

社員「う～ん、それじゃ年賀はがきのお年玉くじの番号を利用して、旅のくじ引き大会。当日この年賀はがきをご持参ください。当選した方はさらに割引きします！　こんなんでどうですか？」

所長「それは、3年前にやったよ。何かもう一つ忘れてない？　ほら子どもが遊ぶもので……」

社員「わかった！　すごろくだ」

所長「そう、すごろく。大正解。で、すごろくをどう料理してチラシをつくるの？　すごろく買ってきて考えてみようよ」

社員「所長！　買ってきました。『ドラえもん』のしかなかったんですけどいいですか？」

所長「そんなのどうでもいいよ。で、なんか思いついたか？」

社員「そうですね。あっ！　サイコロが入ってる。そうか、サイコロを振って6がでたら、なんか特典付けるというのはどうでしょう？」

所長「そうそう、その調子！　すごろくやっていて6がでたらどう思う？」

社員「そりゃすごい！　と思いますよ。わかった！　旅のすごろく市、すごい6のポイント、すごい、温泉、すごい食事、すごい添乗員、……そして、すごい6コース！」

所長「そう！　今、最後になんて言った」

社員「すごい6コースです……です……が」

所長「6コースでいいのかな？　年明けのチラシだよ、なんか思いつかない」

社員「そっか！　カレンダーだ！　12ヶ月分のおすすめコースを、すごろくみたいに並べて、1月がスタート12月をゴールにすればいいんですね」

所長「さすが、よく気がついた！　でももう一息！　どうせなら1個だけじゃなく、まとめて買って頂く方法を考えられない？」

社員「え～と、2つ、3つまとめて買ってもらう工夫をしろって事ですか？」

所長「そんな、根性の小さい事言ってるんじゃないよ！」

社員「そんな、むちゃくちゃな！　う～ん。まとめて買って頂いたお客さんに何か割引するとか、特典をつけちゃうとかですか？」

所長「もう、なんかお前は小さいんだな。だって1年分の日帰りツアーを丸ごと買って頂くんだぞ。いわば、超お得意様なんだ。こう何というかドカーンとパンチがないと」

社員「ハワイ旅行をプレゼントしちゃうとか？」

所長「いいね。お前のお金でな～」

社員「ちょっと待ってくださいよ。日帰り旅行でカンベンしてくださいよ」

所長「ピンポーン！　それが正解。12ヶ月全部申し込んだお客様は、来年の4月のお好きな日帰り旅行をもれなくプレゼント。これで決まり」
社員「なるほど、さすが所長！」
所長「バカいうな、俺は一言もアイデアなんか出してないぞ！　俺はただ質問をしただけだ。すべてはお前が考えたんだぞ！」
社員「まぁ、そうですけど、でもなんだか楽しぃチラシができそうです」
所長「おう、仕上がり楽しみにしてるぞ！　それからドラえもんのすごろくもらっておくぞ！　娘にプレゼントすっからな。誕生日にはまだ早いけれど……」
社員「ありがとうございます。誕生日……〝☆〟そっかぁ?!」

いかがでしょう、こういうふうに、社員にくだらない質問攻めをしているとすごいアイデアが出てくるから不思議です。私だって、初めから答えを用意しているわけではありません。所員と一緒になって考えながら思いつきで質問しているわけです。だから、私もやっていて面白いし、所員も自分で考えた結果だから喜んでチラシを作ってくれます。
最後の誕生日の話だって実はヒントだったんですよ。当時、うちの営業所の所員は12名。なんと1月から12月まできれいに誕生月が分かれていたのです。もちろんこの事に所員も気づき、「旅のすごろく市、スゴイ社員が1月から12月まで自分の誕生月のツアーを腕によりをかけて作りました！」と面白いキャッチコピーを付けたのは言うまでもありません。

もちろんツアー代金は６９６９円（すごろく価格均一）です。

チラシに所員の顔写真を入れ、売上げも倍増！

旅行会社時代の出来事でした。

冬のある日、家族でスケートに行きました。小さい頃少しやったか、やらなかったか記憶が定かではない状態でリンクに立ったのですが、いきなり、ずっこけてしまいました。幸い、家族は近くにおらず、知らない人ばかりで良かったな？　と思いきや、おもむろに上から主婦の方に覗《のぞ》き込まれて、「読売旅行の所長さんだべか？」と言われてしまい、大恥をかいてしまいました。

それからガソリンスタンドや歯医者で治療を受けている時、レストランで食事をしている時もよく、お客様と思《おぼ》しき方から声をかけられる事が大変多くなってきました。

いつだったか、駐車違反で注意されてしまったのですが、その際もおまわりさんに「ああ、所長さん、今度、旅行で黒部のアルペンルート行くべ」と話しかけられる始末です。普通に道を歩いていても、何の脈絡もなしに「弘前《ひろさき》の桜いつ咲くのや」といきなり聞かれたりして、びっくりしてしまいます。いったいどうして私はこんなに山形で有名人になってしまったのでしょうか？

それは、チラシに所員全員の顔写真を載《の》せていたからなんです。また、営業マンがほとんどいません。いわば新聞の折り込みチラシやダイレクトメールがセールスマン。旅の通信販売のスタイルをとっています。しかも、東京に本社のある会社なので、今一《ひと》つ山形ではブランド力が無いんですね。そして旅行代金が安いので、ますます不安がられる。イマイチ信用がない。地方の方々はこういうところが本当にガードが固いのです。だから一《ひと》工夫が必要なのです。

その証拠に地元のバス会社が主催するツアーが、２倍の価格で同じ旅行企画を販売しても読売旅行より売れている、というのが典型的な証拠です。地域のブランド力というのはやはり大切なんですね。

ある宮城県の道の駅で、「産地とれたて物産市」をやっていました。休日にたまたま私がそのイベントに立ち寄って見ると、作物の籠《かご》の上に生産者の顔写真と手書きのコメントが書いてありました。

「曲がったきゅうりですけんど心は真っ直ぐですので買ってけろ～」と、カエルのイラストまであしらって、素朴でほのぼのとした文字で、作物への思い入れが書かれていたのです。

「これは、使える！」と、この手法をパクって、チラシに応用してみました。（パクッてばかりですみません）

私は、本当に恥ずかしかったんですけれど、全部のチラシにコース作成者の顔写真を、半ば強制的に載《の》せさせ、心を込めたおすすめのコメントを手書きで入れさせたりしていました。

この作戦は山形の方々に受け、その後も順調に数字を伸ばす事ができました。初め、嫌がっていた所員も、悪のりする事を覚え始め、私の顔写真に妙な着ぐるみをあしらい、チラシにストーリー性をつけ始めました。

たとえば、所員が結婚したり、転勤したりすると、その事を引っかけて「大感謝祭」と称して旅のバーゲンセールをします。ツアーの値上げをする時も、原油が上がったので……、でも添乗員の質も上げましたとか、必ず笑えるオチもつけました。

とにかく、お客様と長くお付き合いするには、チラシにストーリー性をつける事です。

チラシ、とくにダイレクトメールはお手紙です。お客様へ送るラブレターなんだと私は思っています。

お客様から頂くアンケートハガキで、山形営業所から他の営業所へ転勤した所員を気づかってくださり、「彼はいつ山形に戻ってくるの？　所長さんの権限で呼び戻してけろ」とか、人事についてもお客様がほとんどご存知なのにはびっくりです。

２００８年11月、私が山形から仙台へ転勤した時も、アンケートハガキに「がんばれやー」とか「体に気をつけて」とか書いて頂きました。読売旅行を卒業して山形鉄道に転身した時には、直接私の携帯にお電話を頂いたり、お手紙を書いて頂いたり、お赤飯まで届けてくださったお客様もあったほどです。「埼玉出身の所長さんなのに、地元山形県のためにありがとうな」とお手紙まで添えて頂きました。本当にありがとうございます。

朝4時に起床。自己啓発書、人生論を3千冊以上読む

このように、私は少しずつ世の中に慣れ、小さな奇跡を重ねる事ができるようになれたのも、もう一つの理由があります。それは、毎日欠かさず続けていた、読書のおかげです。私の人生＝読書歴といっても過言ではないほどです。

今でも、私は朝4時に自然に目を覚まします。バスタブにゆっくりと寝そべりながら、ビジネス書を持ち込み2時間ほど読書をします。（現在は通勤時間が1時間程かかるので、バスタブ読書は約1時間に減ってしまいましたが）気になったところはボールペンで線を引きます。この作業がとても楽しいのです。義務でないところがまた本当に良い。

私にとって、朝の風呂場はまさに「だれにも邪魔されない自分だけの書斎」です。それを15年ぐらい前から欠かさず続けています。現在では、１年間に優に２００冊以上の本は読んでいます。

特に好きなジャンルは、自己啓発本（ビジネス書）です。でも、こういう本が好きな人は、ビジネス書を読むのが目的になってしまう傾向が往々にしてあります。かくいう私もそうでした。読み終わると満足して、本棚に並べます。それで成功した気になってしまうんですね。これは恐ろしい事です。

読売旅行に入社した頃の私は、本ばかり読んでいて、現実の人間関係をできるだけ避《さ》けていました。本という魔法に酔った生活をしていたのです。だから、なかなかうまくいかなかったのだと思います。

しかし、ある本の中に、「この本に書かれている内容をすぐに行動に移せる人は１００人に10人だろう。そして、継続してやる人は10人に１人だろう。成功するかしないかは、今、やるか、やらないか、それだけなのだ」という文章を読み、私はそれ以来、本に書いてある事のほとんどを行動に移す決意を固めました。

最初のうちは、一冊の本を読み終えると、線を引いた部分をパソコンで箇条書きに整理して、A４の用紙にプリントアウトして持ち歩いていました。(後で他の本で知ったのですが、このやり方をしなさいという事も誰かの本に書いてありました)それでもなかなか頭に入らず行動に至らない事が多かったので、本で読んだ中身を人に話してみる事にしたのです。自分が理解していない事は他人に話しをする事ができないからです。

これを72時間以内にする。(すみません、これもどれかの本に書いてあった事なのですが)そして、山形営業所の所長になった私は、元来教える事が好きだった事も手伝って、毎週水曜日の終礼後、４人の新入社員を集めて、人生勉強塾の真似事をしていました。

これが自分にとって一番勉強になりました。本で読んだ事をそのまま教えていたのでは薄っぺらな内容になってしまいます。そこには、体験と実績が必要です。それを繰《く》り返しているうちに、知らず知らずのうちに「即行動」ができる人間になってきたのです。

そうして、その体験を自分で体系化して、２００６年から着々と私の体験談を書き溜《た》めていました。それを自分で「夢や目標を叶える方法」という、４冊の小冊子にまとめ、後輩や知り合いに配るようにしていました。

私は、「人の話をよく聴く事」「聴いた事をよく理解するために人に話す事」「話すためによく書く」「書くためによく読む」「読むために人の話をよく聴く」という善循環を知らず知らずのうちに身に付けていたようです。

駄目野村流「夢や目標の叶え方」

私は、毎年正月になると、今年中にやりたい事や願い事を箇条書きにパソコンに打ち込みます。思いついたらどんどん打ち込むので１００項目ぐらいやりたい事がアトランダムに並びます。それに優先順位をつけて、並び替えます。

さらに上位10項目を、コルクボードにベタベタと貼り付けます。

こうすると、ほぼやりたい事が実現してしまうから不思議です。ちなみに２００８年は何をベタベタ貼ったかと言いますと……。

●雑誌の表紙で自分の事が紹介される（新聞・テレビは多数出た事があるが雑誌はまだ）
●自分の本を出版する（自費出版でなく本屋さんで流通する商業出版で）

●ワーゲンバスで移動駄菓子屋カフェを開店（1966年製のクラッシックカー使用）

このほか7つほどベタベタ貼っています。

まさに小学生が、自分の将来の夢を絵に描いて、タイムカプセルに入れてるような儀式を毎年お正月にやっているわけです。でも、結構この方法で夢が叶ってしまうのだから不思議です。例えば、その後こんな出来事が起こりました。

2008年の正月明けに、出社してみると、本社人事部から私あてに連絡がありました。「野村所長がやっている、駄菓子屋さんとか地域活性化や趣味のイラスト展などが面白いといって、ある人が推薦してくれたのです。読売新聞社の社報に『我が社の異才逸材』というコーナーがあって、会社の代表としてあなたを推薦しようと思っています。ついては自己紹介&PR文を至急書いてくれませんか？」

という連絡が来たのです。実は推薦してくださったのは、山形営業所の前任の所長で私が次長時代の厳しい上司、私を育ててくれた人だったので、非常にくすぐったい話でもあったのですが、自分が一から始めた「駄菓子屋活動」が読売新聞社にも認められた瞬間でもあったので、喜んでチャンスを頂く事にしました。

第5章

山形鉄道「フラワー長井線」との出会い

雄大な山あいをバックに走る
フラワー長井線
（荒砥～四季の郷）

若き運転士、朝倉達夫君との出会い

冒頭から軽く私と山形鉄道との関わりを、少しずつ紹介してきました。意外と思われるかもしれませんが、私は山形県に転勤して来て、すぐにこの鉄道に関わったわけではありませんでした。地元の鉄道会社なのに、「自分の絵を飾って欲しい」とはすぐにはお願いをしていなかったのでした。特に理由はなかったのですが、第三セクターの鉄道ですので、なにかとお役所的な感じがして、近寄りがたかったのかも知れません。

そんな時、なんともベストなタイミングで、ある方が転勤で山形に赴任してきました。その方とは、読売新聞山形支局の井上支局長です。

実はこの方、大の鉄道ファンで私と「ウマが合います」。（失礼ながら）初対面の飲み会から鉄道談義で盛り上がり、すぐに、お近づきになりました。さらに、事あるごとに「フラワー長井線の絵を描いて絵画展をやれ！　そうすれば取材してやるよ！」と私をはやし立てるのです。

まあ、新聞に載せてくれるならと重たい腰を上げかけたところに、読売旅行の関連会社の方（長井市在住）を通して、フラワー長井線の営業部長さんを紹介してもらいました。

２００５年６月。私は、フラワー長井線の終着駅である「荒砥《あらと》駅」に隣接する列車の車庫を訪ねました。車庫では、押切榮《おしきりさかえ》さんという大変人なつっこい営業部長さんが案内してくれました。

「私は旅行会社に勤めている者で、こういう鉄道の絵を描いているのですがぜひ、御社の社内で、絵画展を……」

と私は、いつものように、ギャラリー列車の提案を始めました。

「で、いつからやるべした？」と押切部長から、すごく軽い乗りの返事が来たのでびっくりしてしまいました。なんとなく第三セクター鉄道というのは、敷居が高く、お堅い会社なのかなと思っていただけに面食らってしまいました。

「とにかく絵画列車とやら、やってみっべ。地元の幼稚園の子どもたちにも長井線の絵を描いてもらって、一緒に絵画展してみっべ。それから月末に『昆虫格闘列車』というイベント列車を走らせっから、この時もぜひ来てくれっか」とまで言ってくれたのです。

「ありがとうございます！　ちょうど私は移動駄菓子屋美術館を始めたばかりなので、子どもたちが喜んでくれると思います」と付け加えました。（これが冒頭でお話した、私とフラワー長井線をつなぐ、大きなきっかけとなるのですが…）押切部長は移動駄菓子屋の意味がよくわからないとみえ、軽く受け流し、人なつっこく笑っていました。

ギャラリー列車は好評で、地元の記者が新聞記事にしてくれました。今でも、私の描いた15枚のローカル鉄道の風景画が車内に飾ってあります。

2005年7月、「昆虫格闘列車」イベントの当日、私は、長井駅の前で、大きな荷物を車からたくさん積み下ろしていました。当日は、すごくいい天気で、蟬《せみ》がミンミンと鳴いていました。そこへ、ハッピ姿の若いお兄さんがひょいと顔を出しました。どうやら、山形鉄道の社員のようです。

「おはようございます。よろしくお願いします」私は挨拶をしました。

「ああ、野村さんですか？　この間はギャラリー列車のご協力ありがとうございました」礼儀正しい田舎の青年といったところでしょうか？　山形県の置賜《おきたま》なまりに素朴で誠実な人柄が感じられます。

列車が入ってくる午前9時前に、私は、駅前に自分の絵画と駄菓子を並べて子どもたち相手に、楽しくゲームや「くじ引き」をしていました。

イベントで子どもたちが集まるといってもほんの数人でしたが、ローカル線の駅舎の前で、絵画展&駄菓子屋を開かせてもらい、私はとても満足でした。自分で描いた絵も飾って、無料で冷たい麦茶をお客様に振舞いました。

そして、何と山形のテレビ局や新聞社などがこの「移動美術館&駄菓子屋ちび電号」を取材に来てくれたのでした。駅舎や列車の中で行っていた絵画展はよく、全国各地では新聞・テレビで紹介されていたのですが、この時は「移動美術館&駄菓子屋」が山形県内で初めて紹介されたのでとても感激をしてしまいました。

「お菓子たくさん売れましたか？」と田舎のお兄さん社員が後片付けを手伝ってくれながら私に聞いてきます。

「まぁ、ほんの少しかな？　でもお菓子を売るのが目的でやってるんじゃないからいいんだよ」

「じゃぁ、何が、目的なんですか？」そのお兄さん社員が不思議そうに聞いてきます。

「えっとね、自分の描いた絵をいろんな人にみてもらいたいんだよ。絵だけ展示していたって、子どもたちなんかは誰も寄り付かないんだ。でも、お菓子を目当てに、子どもがくれば、つられて大人が来るでしょ。だから駄菓子屋さんもやっているんだよ」

「はあ。そういうものなんですか？」とお兄さん。（もう完全に呆《あき》れてます）

「俺はプロの画家ではないので、個展なんかできないんだよ。だから、自分の車をかわいらしい車に改造して色を塗り、この車を美術館にして、全国を走り回っているんだよ」

「なるほど、それで移動美術館って呼んでたんですね」

「そう、発表する場所がなかったら自分で作る。アイデアを思いついたら即行動だよ」とかなんとか、人っ子一人いない長井駅の古びた懐《なつ》かしい丸くて赤い郵便ポストの前で、私たちは会話を続けていました。

いい気になった私は、「よし決めたよ。俺、フラワー長井線にたくさんお客さんを集めてくるよ。なぁ～に、まかしておけよ。俺は本業が旅行会社なんだから」

と大見得《おおみえ》を切ってしまったのです。

「はぁ、よろしくおねがいします」とお兄さんも社交辞令的な気のない半信半疑な返事を返して来ました。

この青年はフラワー長井線の運転士をしていて、名前は朝倉達夫君といいます。当たりは柔らかいのですが、とても芯《しん》が強そうな青年です。この、朝倉運転士との出会いが、フラワー長井線での私の運命をドラマチックに導いてくれるとは、この時は知る由《よし》もありませんでした。

彼と私とは年齢が10歳以上離れているんですが、フラワー長井線のイベントを仕掛けたり、チラシやグッズを作ったり、その頃、毎日連絡を取り合っていました。友達？　仕事仲間？　そんなのを超越している不思議な間柄になって行ったのですね。

大笑いの「運転士方言ガイド」をアドバイス

翌年の春、朝倉君が相談したい事があると言うので、荒砥《あらと》駅舎の中にある資料館でインスタントコーヒーをご馳走《ちそう》になりながら、話を聞く事にしました。

「野村さん。あのですね。俺、列車内で、沿線のガイドをしようと考えているんですけど、どう思いますか？」

「ガイド？　何でまた？」

「いやぁ～、実は4月に結構、旅行会社の花見のツアーが入って来ていて、ただ列車に乗ってもらうよりも、せっかくだからお客さんのために何かしてあげたいなと思って……」

「面白いよ。それ。やりゃ～いいじゃん」と私は即答しました。

「はぁ～、でもなんか自信なくて。実は上司が、バスガイドさんでさえ、言葉の端々の細かいところまで教育されるんだ。ましてや、素人がしゃべるのでは、お客様に対して失礼だ。それにガイドする内容は沿線の食や歴史など本当に多くの事を勉強しないとできないぞ。とまで、言われちゃったもので……。だから……」

「何だそんな事で悩んでたんだ。朝倉君。お客様は歴史とか食とか難しい事を聞かされても、その事に興味がないかぎり、感動しないんだよ。目に見えるものをそのまま案内してあげればいいんだ。長井線に乗った人にしか見る事ができない車窓の風景をありのままにガイドすればいいじゃん。あれは葉山です。これは最上川です。そんな程度でいいんだよ。難しく考えるからいけないんだ」

「はぁ………」

「あとは、朝倉君がいつも話している方言をそのまましゃべっちゃって大丈夫！　絶対その方がウケルって。都会の人は逆に方言の方が新鮮なんだよ」と、私はこれはいけると一気にアドバイスをしました。

そして、相談されてから2ヶ月もたたない5月に、

「野村さん。山形新聞に載りました。私の方言ガイドの事が載ったんですよ！　本当にありがとうございます！」

という連絡が朝倉君から入りました。

私は本業の旅行会社の仕事や地域のイベントの手伝いで忙しくなり、無責任にも朝倉君と連絡が途絶えていました。まさかこれほどまで、反響があるとは正直想定外でした。

実は朝倉運転士による方言ガイド開始の裏には、彼のなみなみならぬ努力があったのです。例えば、先輩の運転士に長井線のいい景色の情報を聞いたりして、列車から見える風景を、なるべく単純にそのまま自分の言葉で伝えられるようにと、彼自身で台本を作ったそうです。そして乗客の少ない時間帯の列車に乗ってガイドの実習もしました。

また、休日にはボランティアガイドの講習会に参加して、60歳ぐらいのお年寄りの中に一人ぽつんと20代の朝倉君が参加し、誰も話す相手がいなくて寂しい思いをしながら、講習を受けたりもしていたそうです。

会社の人に、やめろといわれるのが嫌だったので社内には、なるべくガイドの練習をしている事を内緒にまでしていたとも聞いています。マイクを揃える予算などもなかったので、たまたま机のそばにあった、20年以上前の国鉄時代に使用していた拡声器を使ってガイドをしたそうです。その拡声器を使い、列車が動き出すと、こんな案内をしていました。

「みなさん、フラワー長井線さ乗っていだだいでおしょうしな。（ありがとうございます、の置賜《おきたま》地方の方言）私、普段こごの運転士しった朝倉っていうなだげんど。ちょっとのあいだだげ、みなさんのガイドさせてもらうっけがら、なまってでなに言ってだがわがんねがもしんにぇげんど、よろしぐお願いします」

この「朝倉節《ぶし》」が、関西からのツアー客に大好評。大うけ。大笑いだったそうです。地元紙でも大きくカラー刷りで紹介されていました。

この、「方言ガイド作戦」で朝倉君はある意味、山形鉄道のタレント的存在になりました。もちろんこの成果は、彼の努力に負うところがほとんどです。また「方言で話をしてみたら？」という私の気まぐれで吐いた言葉が、具体化し、現に新聞やテレビで紹介されたという事は、私にとっても励みになりました。だって、自分の大好きな鉄道に少しでも役に立つ事ができたのですから。

ローカル線が旅行商品にもなり得るんだ。これは、ある意味私にとって衝撃的な事でした。まさに、自分の趣味と仕事がコラボレーション（調和）する一瞬でもあったのです。

（よし、次はあれだ！）私には、強烈なビジョンが浮かんできたのでした。

ローカル鉄道の秘密グッズ、「手作りの会社案内」を作ろう

「朝倉君、会社案内を作ろう！　しかも手作りで！」と、私は提案しました。

「なにやそれ？」と朝倉君は怪訝《けげん》な顔をします。

「ここに見本がある。海沿いを走る三陸鉄道という第三セクターの鉄道の会社案内だよ。すべてパソコンで手作りしているんだ。この会社は旅行会社への売り込みが上手で、毎年、たくさんのお客様を集めているそうなんだ。なに、難しい事は考えず、そっくりそのまま、いいものは真似てみようよ」

「朝倉君は運転士だし、いつもガイドをしているから、沿線の風景の事なら目をつぶっていても分かるよね。ありのままの表現でいいんだよ、変に格好つけなくていい。まずは自分の鉄道を大好きになる事、そうすれば、観光客も長井線の事が大好きになるんだ。そうだ、その会社案内も、方言で書こうよ！　きっと旅行会社の社員にうけるぞ！」

　会社案内やパンフレットは、営業ツールとして、旅行会社に宣伝をする事が大きな目標です。仮にも私は旅行会社の所長をしていましたから、企画を受け取る側の気持ちが十分

わかっている立場です。旅行会社の社員は、全国各地で作られる観光協会などの綺麗《きれい》なパンフレットほど見ていないのです。

もっといえば、丁寧《ていねい》なあいさつ文から、市町村の紹介、さらに周辺の観光地なんかをきちんとファイリングして届けられる資料などは、必ずと言ってよいほど「ゴミ箱へ直行」です！

旅行会社の社員は本当に忙しいのです。この業界は残業なんて当たり前、彼らはいつも時間が無いと叫びながら深夜まで仕事をしています。

だから、そういう社員へは「手作り」が効きます。「なんかいつもと違うな？」「楽しそうだな！」というものには目を向けてくれます。彼らはどんなに忙しくても企画には飢《う》えているのです。

そして実はもう一つ重要な目標があったのです。朝倉君や山形鉄道の社員の人たちにこそ、「フラワー長井線」の本当の良さに気づいてもらい、自分たちの鉄道を好きになって欲しいと思ったのです。

私がいうのも大変おこがましい話ですが、すべての基本はここにあります。私は読売旅行在籍時には10社ほどの鉄道会社の応援をさせて頂きました。最初、どこの鉄道会社も訪問すると、必ず言われるのが、「うちの沿線には何も無いよ」と、まるでそれが挨拶のよ

うに話し始めます。

「自社の鉄道が嫌いではないけど何も無いから」皆さんこんな感覚なんですね。鉄道を自分の子どもだと思ってください。親なら自分の子どもが一番かわいいでしょう！　勉強ができなくても、内心は自分の子どもの良い所をきちんとわかってあげているはずですよね。そもそも人間なんて他人と比較すべきものでは無いはずで、みんな必ず良いところを持って生まれてくるものなのですから。

鉄道も一緒です。フラワー長井線にはたくさんの資源があります。新幹線はお金儲《もう》けは上手です。でもフラワー長井線は人を感動させるのが上手なんですよ。この4年間、朝倉君の方言ガイドで、どれだけのお客さまが笑い、感動し、涙を流した事でしょう。

そういう意味で、鉄道会社に勤めている社員は、お父さん、お母さんなんですよ。子どもの事を「何もいいところがない」なんて普通思わないですよね。もし社員が、どちらでもよい、なんて感じたら、鉄道でいえばそういう時、「廃線」という悲しい結末になってしまうのだと私は思います。

「手作りの会社案内は社員のためにつくる」そして社員全員が自分の鉄道を大好きになる。これが私の本当の目的だったんです（この考えは社長になった今でも変わりません）

やがて、会社案内ができ、各旅行会社に郵送し反応を待ちました。私はすぐ、新聞の販売店さん（読売新聞寒河江《さがえ》販売店）に持ち込みました。そこの鐘下《かねした》会長さんのご好意で、読者の皆さんに宣伝して頂き、バス3台、130名ものお客様を集めてくださいました。そして、山形県高畠《たかはた》町のドライブイン「よねおり観光センター」の伊藤課長さんが飛び上がるような、大きな団体客の話を持って来てくれたのです。

「フラワー長井線の宮内駅にある〝日本三熊野〟で名高い熊野大社が2006年に1200年を迎えるので、クラブツーリズムと言う旅行会社が記念臨時列車を走らせたいと言ってきてるんだよ。朝倉君。列車に千名、2千名のお客様を乗せるのは楽勝でしょう！」

と伊藤課長が、吹聴《ふいちょう》します。

いつも、この人は「大風呂敷」を広げる癖《くせ》があります。私たちは、話半分で聞いていたのですが、2006年11月10日からの3日間で本当に「熊野大社1200年祭記念臨時列車」が走り、首都圏の915名のお客様が長井線に乗車してくださいました。これは、当の山形鉄道にとってもびっくりするようなでき事であったに違いありません。こうして、山形鉄道は生き残りをかけ、着々と地元市民の鉄道を守るために、観光鉄道への道を開拓しようとして行くのです。

フラワー長井線新記録！「七夕《たなばた》列車」2日間でバス30台1300名集客

こうして、朝倉君、伊藤課長と旅行会社の私の「三羽ガラス」は、毎日のように連絡を取り合い、昼食を食べながら、または夜はお酒を飲みながら、何か面白いイベント列車の企画はないかと、アイデアを出し合っていました。そんな時、いつも頼りになるのは、宮城県塩釜市で旅行プランニング会社を経営している菅野社長さんです。彼はすごいアイデアマンです。いつも私が行き詰《づ》まると助け舟を出してくれます。

「野村所長。今年の7月7日に何か面白い企画できませんか？　今年は2007年ですし、トリプルセブンで縁起がよろしいと思うので……」

これを聞いて私はピン！　と来ました。

「そうだ！　七夕列車を走らせよう！　おりひめ・ひこぼし号だ！」

「朝倉君。今年、07年7月7日トリプルセブンの日に、駅舎やホームに七夕飾りをたくさん飾りつけて貸切列車を走らせよう！」

「七夕列車？　面白そうだけど、なんかイメージわかないな？」

「大丈夫、大丈夫、この間だって、熊野大社１２００年祭記念イベント列車で約９１５名も観光客を集めたじゃん。なんて事ないよ」

「そりゃあそうですけれど、あれは、自治体が動いてくれたからできた面もあるんですよ」

その時の朝倉君は、本当にそんな事が出来るか、半信半疑だったようです。でも、私にはこの静かな長井駅がたくさんの人で賑《にぎ》わい、「まち」の住民が観光客に楽しそうにおもてなしをしている姿が、強烈に浮かび上がっていました。

「朝倉君。俺の駄菓子屋って、県から補助金もらってやってるわけじゃないよね。別に、自分の自慢するわけじゃないけれど、それなのに、長井やいろんなところで、イベントに来てくれと言われたり、仲間が増えたりしたわけじゃん。俺なんて言ってみれば、長井の人々にとってはよそ者なんだよ。朝倉君は地元の人間じゃん。俺より地元の事をたくさん知っているよね。このフラワー長井線の構造的な赤字を脱却するには、年々減少していく主な乗客の高校生と、車を運転できないお年寄りや、一部のビジネス客の利用だけでは、もう限界だと思う。ウィークデーの昼間の列車が空いている時は観光客じゃないと使ってくれないでしょ？　土日祝日にもやっぱり、いかに観光客に来てもらうかしか乗客増対策はない。沿線の「まち」に泊まってくれたり、物が売れたり、商店街で食事してくれたり、

「まち」を歩いてくれれば、それはみんな、地元沿線の人々への地域貢献にもなるんだよ。地域の再生にも。本気になれば、きっとみんなそれに気付いてくれて、協力してくれると思うんだ」

「そりゃぁそうですけども……」

朝倉君はまだまだ煮え切らないようです。まだ若い朝倉君には、上司の許可も必要です。観光鉄道化戦略やイベント列車は、とても高いハードルだったのだと思います。

「朝倉君。来週、幼稚園に一緒に挨拶に行こうよ。七夕飾りを手伝ってくれるように頼んでみようよ。歌や踊りなんかもやってくれるかな?」

翌週、私と朝倉君で、幼稚園廻《まわ》りをしてみました。幸運だったのは、彼のお姉さんが幼稚園の先生をしていた事です。朝倉君もだいぶ気合が入ってきたようです。

「朝倉君。地元の事は、君に任せても大丈夫なようだね。すごい説得上手だ。というか、気持ちが入っているから大丈夫。きっと朝倉君ならやり遂げられるよ。俺は、とにかく人を集める。いいキャッチコピーをつくり、たくさん観光客を集められるチラシを作り、東北6県にある他の読売旅行の営業所にもお願いして、山形県内や東北中からじゃんじゃんお客様を集めてみせるよ。だから朝倉君は沿線の市民に話しをして、協力体制を作ってもらいたいんだ。大丈夫。本気になればなんでもできる!　いつもの調子でチャレンジしてみて！」

「わかったっす！　俺やってやるっす！」

赤湯駅で朝倉君が力強く手を振ってくれました。

「はっくしょい〜っ！」

花粉症の私はむずがゆい目と鼻をこすり、沈みそうな太陽を大きく見上げ、再び大きなくしゃみをし、フラワー長井線の始発駅の赤湯駅を後にしました。２００７年春の事でした。


そして、07年7月7日。「トリプルセブン」の日がやって来ました。高畠町よねおり観光センターの伊藤課長、山形鉄道の運転士朝倉君と私で企画したフラワー長井線七夕イベント、読売旅行貸切七夕列車「おりひめ号」「ひこぼし号」が、３両編成、８往復、約１３００名ものお客様を乗せて、南陽市、川西町、長井市、白鷹町の沿線の方々のおもてなしと、七夕飾りの中を走りました。

最初、半信半疑だった朝倉君も地元の方々の協力でみるみる逞《たくま》しく成長し、当初会社から反対され自分一人から始めた方言ガイドは、いまやガイドのできる社員が４人もいて、彼に協力してくれています。

沿線の市民も一つになって、この七夕列車のお祭りを応援してくれます。

この、七夕イベント列車の参加者には、ツアーの特典として、２００円のお買物券（地域通貨券）を付けましたので、そこそこのお金が沿線の商店で使われた事になり、経済効果もあったと聞いています。この日、商店街のみなさんは本当に生き生きと、いい笑顔で観光客の皆さんにおもてなしをしていました。何かその時、この地域が生まれ変わる方向が見えたように私は思ったのです。

「野村さんありがとう！　おかげで商店街のみんな、顔がほころんでいるよ」

と、商店街の那須会長からお礼を言われました。

山形鉄道の社員の皆さんも嬉々として、お客様を案内しています。長井駅にいるいろんな人が私に笑顔で話し掛けてくれます。本当にこのイベントをやって良かった。いつも少々辛口の、駅前のビジネスホテルのご主人が「ほらやるよ！」と炭火で焼いた魚の串刺しをくれます。駅前の寿司屋のおやじさんからは山形名物の玉こんにゃくを頂きました。

赤湯駅から、折り返しの列車に乗り込みます。乗客の皆さんは、思い思いに短冊に願い事を書いて、社内の七夕飾りに短冊をつるしています。

「こんなに楽しい鉄道、廃止にしないでください」

「方言ガイドの朝倉さん、いつまでもがんばって」

皆さん、自分の願い事なんかそっちのけで、本当に、数えられないくらいのフラワー長井線への温かいメッセージで車内はいっぱいです。

宮内駅では、幼稚園児が「子どもみこし」を担ぎ、大人たちが太鼓《たいこ》を叩《たた》いています。小学生の女の子が二人で、大きなバケツをさげ、ジュースやビールを車内に売りに来ます。聞けば、今回のイベントの活動資金にするのだとか。

西大塚駅には、わずか1分の停車です。なんと、本物の米沢牛が出迎えに出ており、牛だけに「モーびっくり」とばかり、翌日の新聞記事で紹介されました。

そして、沿線の住民が、ラベンダーの苗《なえ》を窓越しに乗客に手渡しています。窓を開けた乗客は「ありがとう」と受け取り、見送りの方々が見えなくなるまで、乗客と住民が目を潤《うる》ませて、大きく手を振り合います。まるで、映画の一場面みたいです。

窓の外では川原で水遊びをしている子どもたちが列車に向かって手を振っています。

(皆、フラワー長井線に目を向けてくれている)

(ほんとうに、このイベントをやって良かった)

私はお客様と沿線住民の方々に、感謝の気持ちでいっぱいになりました。

長井駅で列車は20分ほど臨時停車し、長井の伝統芸能の黒獅子が踊りだしてお客様を歓迎します。お客様でごったがえす、すごい人ごみのなか、私は朝倉君と握手をしました。

「野村さん！　思いは実現すんなだね」

そう、ここは、私と朝倉君が最初に移動駄菓子屋美術館を開き、出会った、静かな長井駅。今はあふれんばかりの人だかりです。

「朝倉君。約束は果したぞ！」

今日は蟬《せみ》の声が聞こえないほど人の声で賑《にぎ》やかです。

「そろそろ時間ですよ。お客さま～」

朝倉君はとてもうれしそうに、列車にお客さんを誘導しています。

「出発進行！」朝倉君の合図で、普段1両で走るフラワー長井線は、今日は3両編成。満席のお客様を乗せ、くねくねと元気よく終点荒砥《あらと》駅を目指して、走り去っていきました。

人生のターニングポイントの前触れ

「野村さんですか？　いつもフラワー長井線のためにありがとうございます」振り返ると、

このイベント列車に強い共感を持って、わざわざ駆けつけてくださった長井市の市長、内《うち》谷《や》重治《しげはる》さんでした。

「いやぁ、市長さんにそういわれると光栄です。私もこういうの好きでやってるもんですから……また、なんか企画します。あ、あ、こちらこそありがとうございます」突然に話かけられてしまったので、シドロモドロの受け答えになってしまいました。

「そうですか。私はフラワー長井線の存続とその必要性を長い間訴え、願ってきた一人なんですよ。そして野村さんと同じように、フラワー長井線を観光鉄道として活用し、開業以来の赤字を黒字化したいとも思っていました。今後も、沿線の高校生や地域のお年寄り、そして市民のために、また、山形鉄道存続のために、観光集客での鉄道再生をいろいろアドバイスしてください」

本当に、腰の低い謙虚な市長さんです。年下の私に対しても、言葉が丁寧《ていねい》で、対応が誠実です。山形鉄道への愛情と真剣さが伝わってきました。

そう、この内谷市長との出会いは、今から思うと、この時では考えられない事が将来の私に起こる、人生のターニングポイントの前触れだったかもしれません。

七夕の短冊に夢、願い

長井線車内に 乗客飾り付け

フラワー長井線の列車内に竹や短冊を備える「七夕列車」が七日から二日間の日程で、運行を開始した。乗客は、短冊に願い事を書いて竹に結び、七夕ムードを味わった。

乗客は「みんな健康でありますように」「資格をとって新たな世界が広がりますように」などと書いた短冊を飾り付け。長井駅では、地元の長井中央商店街振興会の催し「青空がやがや市」や黒獅子の舞が披露され、にぎわった。

期間中、東北各県などからのツアー客を乗せた臨時列車も運行、計約千三百人が乗車する予定。短冊は後日、願いがかなうように、フラワー長井線を運営する山形鉄道が長井市内の神社で祈禱（きとう）する。

七夕列車内で、短冊を飾り付ける利用者

2007年 7 月 8 日付山形新聞。「七夕列車」の記事。東北各県からのツアー客が 2 日間で約 1,300人乗った。

貸切り「七夕列車」は読売旅行の45周年記念事業で大好評。この丸いプレートは列車最前部のヘッドマーク。野村浩志デザイン。

置賜弁でガイド

山形鉄道 朝倉さん

プロじゃねぇげ どがんばっがら

置賜地方の田園地帯をのどかに走る山形鉄道「フラワー長井線」の愛称で親しまれるローカル線の車内で、置賜弁を駆使してガイドを務めるのが、名物運転士の朝倉達夫さん(27)。営業成績が今ひとつの会社をもり立てようと、沿線案内のパンフレットを手作りし、旅行会社に売り込んだ。30日には、これに応えた読売旅行のツアー客49人が乗車。「冬に運転しでっど、猛吹雪で前さ見えね」。車内で朝倉さんの方言ガイドがさえ渡った。

朝倉さんは飯豊町出身。都内の大学を出て、2002年に山形鉄道に入社し、運転士になった。間もなく矢口史靖監督の映画「スウィングガールズ」で、ロケに使われた同線の人気が高まったのもつかの間、ブームが去って乗客は再び減り始めた。

「何か観光客を増やす手はないか」と考えていた昨年5月、福岡県から来た男性客のつぶやきが耳に残った。「田舎に来ても標準語のガイドばかりでつまらない」

運転士が方言でガイドしたら面白いのでは――。早速、40ページ超の「台本」を自作し、無人の車内で練習。今年4月に大阪府のツアー客40人を相手に〝デビュー〟した。お客に失礼ではとも懸念したが、「プロじゃねぇげどがんばっがら」などと連発した置賜弁が大うけ。「楽しかった」と声を掛けられ、自信がついた。

気を良くして、今度は旅行会社向けのパンフレット「ようこそ元気鉄道へ！ フラワー長井線ご案内！」を作成。7月から、県内外の旅行会社に発送した。

ガイドで乗る列車は運転を同僚に任せ、ハンドマイク片手に車内を歩く。県外を中心に既に20社以上から依頼が入り、朝倉さんは約70回のツアーに同乗、1500人以上が方言を使った沿線案内を楽しんだ。

ガイドをしていると、一緒に写真を撮ったり、サインを求められたりすることも多いという。「恥ずかしいが、楽しんでもらえればまた乗ってくれるだろうから」と笑顔で対応する。

30日に方言ガイドの旅を楽しんだのは、読売旅行山形営業所(山形市)が募集した県内客。「庄内や村山の人は、置賜のことはあまり知らないから新鮮だと思って」(野村浩志所長)と、9月26日と30日に日帰りツアーを組んでみたところ、26日は約200人、この日も49人が参加した。

車中で米沢の駅弁を食べながら聞くガイドは、旅情たっぷり。「右でに見えるサクランボは盗まれねぇのが心配ですが、収穫時期はネットをはります」「大変な赤字にあえぐフラワー長井線ですが、アメ玉ぐらいサービスさせでください」と、赤湯―荒砥駅間の1時間は笑い声が絶えなかった。山形市薬師町の「ガイドさんの知識が豊富でびっくりした。話も面白いし、またこの列車に乗りたい」と笑顔で旅を振り返った。

終着の荒砥駅ホーム。朝倉さんは丁寧に会釈しながら乗客を見送った。「いっぱいお客さんに乗ってもらってうれしい。リピーターを増やしちゃいもんで、どんどんアイデアを出していきだい」。置賜弁で熱く締めくくった。

置賜弁のガイドで車内を盛り上げる朝倉さん

2006年10月1日付読売新聞、山形版。名物運転士の朝倉達夫さんがこの年4月から始めた「方言ガイド」が面白いと大好評。

第6章

そうだ！
フラワー長井線を
『ローカル鉄道の
ディズニーランド』
みたいにしちゃおう

そば畑を走るフラワー長井線
（羽前成田～白兎）

「フラワー長井線ランド」のイラストマップを作ろう

　七夕列車のイベントが終わり、２００７年の秋に家族で東京ディズニーランドへ行ってきました。そもそも私は、テーマパークなんか大嫌いな人間です。どんなに楽しくて夢があっても所詮《しょせん》、人間が造った虚像に過ぎないからです。そう考えず、家族で楽しんじゃえばいいのですが、どうも園内に入ると冷めた人間になってしまうのです。

　この日も、カミさんと娘二人がすごく張り切っていて、開園と同時に目的のアトラクションに向けて駆け出します。私はそんな元気がなく、だらだらと付いていきます。聞けば、パーク内ではお酒も飲めないし、売ってないという事で、よけいにどっと疲れが出てしまったのです。

「もう、お父さんたら、やる気だしてよ～！　ハイ！　これ地図！　きちんと計画練ってね。限られた時間内で効率よく回るのよ！」と、ものすごい剣幕でカミさんに地図を手渡されました。

「チェッ！」とカミさんに聞えないように舌打ちをして、イヤイヤ地図を広げてみました。

すると……。すごくきれいな山々にかこまれ、緑が生い茂っている地図が飛び込んできました。

その中は、テーマ別に名前があり、エリアごとに色分けされています。一番目を引いたのが、パーク内に線路が敷かれ、ＳＬが行ったり来たりしている事でした。

「これだ！」と私は思わず、膝《ひざ》を叩《たた》き、（赤湯・南陽市役所・宮内・おりはた・梨郷《りんごう》、西大塚、今泉、時庭《ときにわ》、南長井、長井、あやめ公園、羽前《うぜん》成田、白兎《しろうさぎ》、蚕桑《こぐわ》、鮎貝《あゆかい》、荒砥《あらと》……）とフラワー長井線の16の各駅を呪文《じゅもん》のように唱《とな》え続けました。そしておもむろに携帯電話を取り出し、朝倉君に興奮して電話をしてしまいました。（現在は17駅。四季の郷《さと》駅が２００７年10月開業）

「朝倉君、マップをつくろう！　フラワー長井線をディズニーランドのような、ローカル線のテーマパークにしよう！」

「フラワー長井線沿線ランドマップをつくろう！」

急な電話で朝倉君も困惑していた様です。

この日ほどテーマパークを楽しめた日はありませんでした。フラワー長井線ランド・プロジェクトの一員がディズニーランドを視察に来た、という視点で楽しんでいた訳なのですが……。（苦笑）

「自腹覚悟！」長井線グッズを提案！とにかく「作っちゃおう！」「やっちゃおう！」

当時、山形鉄道の社員でもない自分が沿線のイラストマップを作る。しかも赤字の鉄道にそんな制作予算なんかあるはずもありません。でも、私はこのマップを作る事にすごく自信がありました。仕上がりのビジョンがしっかり見えている！　とまぁ、そんな感じだったんですね。

だから、人に話をする時も、実際のディズニーランドのマップに、朝倉君やフラワー長井線の列車の写真などを切り抜いて貼《は》り付け、駅名を書きこんだりしたものを、カラーコピーし、いつも持ち歩いていました。イラストマップの完成に自信があったのも、勝算がありました。

実は私は、このマップを提案する1年前に「日本一なが～い卓上カレンダー」というフラワー長井線グッズを山形鉄道の成澤前専務さんと共同開発し「日本一なが～いカレンダー」を制作、販売してもらっていました。

フラワー長井線の名前に、例によって駄ジャレを掛けて作った、長さ約2メートル余のカレンダーです。ただ長いだけではつまらないので、沿線の風景をイラストや写真で紹介しています。（私の父親に描いてもらいました）さらに、運転士である「朝倉方言ガイド」が「置賜弁《おきたまべん》」で案内文を記載しているところが観光客に受け、ある時は車内全員の観光で来たお客様45名様全員に購入頂けた事もあるほど人気の商品です。

現にこのカレンダーは、3年間で約2万冊も売れてしまい、売上として約1千万円も計上したそうです。

もう一つのグッズは、お金持ちになる魔法のうちわ。「これであなたも左うちわ」です。

朝倉君から夏のグッズとして、うちわをつくる旨《むね》相談を受けました。何かいいアイデアがないかと考え、お金が自然に入る事を俗に「左うちわ」という事から、朝倉ガイドの自筆で「あなたのおかげで左うちわ」という文章をうちわにあしらったものを販売したところ、これもバカ売れ状態でした。長井線の観光乗客が最近急激に伸びた事から、商売繁盛のお守りにと、真冬でも買って頂けるヒット商品になりました。

カレンダーは年末に購入するもの、うちわは真夏に買うものですよね。

でも、山形鉄道では、正月明けからカレンダーを売りまくり、7月、8月の真夏でもカレンダーは売れ続け、冬でもうちわを売ってしまうんだから驚きです。その秘訣はやはり、朝倉君が車内で、ガイドをしながら販売しているのでバカ売れしているのだと思います。

臨場感《りんじょうかん》があり、朝倉君へのお客様の御礼の気持ちもあるのでしょう。だからイラストマップだって必ず売れるはずです。

ただ、心配だったのは、マップのイラストを誰に描いてもらうか？　という事でした。「野村さんのマップの企画、とても面白いんだけど、相当予算的には厳しいよ。イラストだけでもプロに頼むと10万~20万円はかかるんじゃない」とか、「鉄道路線図をディズニーランド風にするなんて、よくイメージがつかめないな」などと、なかなか製作に踏み込めません。さぁどうしたもんか？

こんな時頼りになるのは、川西町産業創造室の斉藤敏明さんです。（現在、山形県庁勤務）この人も生まれは東京近郊で、大学で考古学を専攻していた関係で山形へは調査で度々いらしていたそうです。そうしているうちに山形県の魅力（奥さんの魅力？）にとりつかれて現在県内に居ついてしまった変わり者で、私と馬が合うのです。文章も上手で弁が立ち、アカデミックな方なので、もしかしたらいい人を紹介してもらえるかも、と連絡をとりました。

そしたら、いました、いました。偶然斉藤さんの近くに住む彼の奥さんの友人、佐竹美穂さんです。佐竹さんは2児の母で岩手県の出身。結婚を機に山形へ。大学時代に美術を専攻しており、上手なイラストを描く人だと聞きます。私は早速、彼女に連絡をし、ご自宅へ訪問しました。そして冷たい麦茶を頂きながら、彼女の描いた作品集に目を通します。

「すごいです。すごすぎます。これほんとうに佐竹さんが描いたものですか？」

私が、望んでいたようなタッチの絵が、そこにたくさん描かれていたのですからびっくりです。

「あのう、申し上げにくいのですが、予算がまったく無く、フラワー長井線ではお金が出せません。代わりに私の自腹で制作しているものですから、ほんの謝礼程度しかお支払いできません。そういう感じでも大丈夫ですか？」

初対面で、わずか1時間も経ってない間柄なのに無礼なお願いです。

（しかし、今となって思うに、よくもこんなお願いができたものです）

「わっかりました〜っ」

なんか、すごい素直っていうか純粋というか、人の良さがじーんと出ている方です。

私は何度もお礼を伝えながら、もうイラストマップが完成したような気になって、彼女の家を後にしました。

そしてこのマップは、その後、2ヶ月で約千枚も売れてしまい、山形新聞がカラー版で、同じ日に読売新聞の県版にも紹介されました。また、首都圏のテレビ局の旅番組「旅の見聞録」でも山形弁を話す外国人タレントで人気のダニエル・カール氏が、このマップを列車に乗りながら紹介してくれました。

さらに、春の花回廊、また秋のフラワー長井線まつり用に、見開き大のスペースで山形新聞に大きく紹介され、このマップを使ったポスターまで作って頂きました。近い将来、南陽市にある赤湯駅にこのマップを大きく引き伸ばし、大看板に貼り付け、公開し、JRの新幹線からの乗客に「フラワー長井線っておもしろそうな鉄道なのね」と思って頂けるようにしたいと思っています。佐竹さん本当にありがとうございました。

フラワー長井線の絵本を出版しちゃえ!

この頃私は、イラストマップと同時に、フラワー長井線絵本物語「ローカル線ボーイ」という、私にとって初めての自費出版に取り組んでいました。

「39歳までに本を出す」のが私の人生の一つの夢だったのと、また、沿線の皆様に山形鉄道の社員の頑張りや鉄道の大切さを知って欲しくて、山形鉄道の赤字を少しでも減らすために、観光客に売れるグッズの一つとして作りたかった絵本でした。時は2007年12月。あと2ヶ月すると、私の40歳の誕生日が来てしまいます。

文章は、朝倉君がこれまでの活動を年表にまとめてくれたものを元に、私が加筆し、執筆しました。挿絵《さしえ》はイラストマップと同じ佐竹さんに頼む事にしました。

本来私は、企画書類や文章を書くのが苦手な人間です。そういう人間が物語を書いているわけですから、文の体裁《ていさい》、誤字脱字などがいたるところに散乱しており、収拾が付かない状態に陥《おちい》っていました。

私は、全体の構想や構成なんかを考えるのは好きなんですが、こういう最後の詰《つ》めが本当に苦手なんですね。これは私の性格です。本業の旅行会社の仕事だったら所員に手伝ってもらう事もできるのですが、一人で始めた絵本の出版はそうもいきません。

そういう時は、困った時のお助けマン（ごめんなさい）読売新聞山形支局の井上支局長（現在は読売新聞東京本社勤務）と例の川西町役場の斉藤敏明さん、お二人の力を借りるにつきます。

お蔭様で、井上支局長には、何度も何度も、細かいところまで校正を精査して頂き、かぎかっこのつけ方や、句読点《くとうてん》、濁点《だくてん》のつけ方、段落の区切り方などを的確にアドバイス頂きました。さすが、新聞記者、プロです。

文章の体裁や、文脈のおかしなところは、川西町の松沢さん（「ほんきこ」というミニコミ誌編集長）を役場の斉藤さんから紹介して頂いて、アドバイスをもらいました。

松沢さんもたいへんな才能の持ち主です。アジアや辺境の地への渡航経験がたくさんある方で、一人気ままに放浪の旅をされる方なんです。とにかく、考え方が面白く文章が上手い。人を惹《ひ》きつける文章が書ける人です。

この方々のお陰で、何とか40歳になる私の誕生日前日、2008年2月20日、本が納品されました。

めざせ! 世界で一つしかない「ローカル鉄道のテーマパーク」

このマップや絵本で、沿線の皆さんが共感して、長井線に興味を示してくれるのではないかと考えました。マップの現物を見て頂くとわかるのですが、沿線のイラストマップのほかに、キク子(菊)ちゃん(南陽市)・ダリアちゃん(川西町)・アヤメちゃん(長井市)・アユミ(鮎《あゆ》)ちゃん(白鷹町)の2市2町、フラワー長井線沿線の観光名物キャラクターが園内を案内しています。

話が少し飛びますが、九州は熊本県の山奥に黒川温泉という秘湯があります。最近は、連日予約が取れないほど大人気の温泉地となり、ご存知の方も多いと思います。

本来、黒川温泉は鄙《ひな》びた山間の温泉地であり、観光客も少ない、地元の湯治場《とうじば》的な温泉地であり、ましてや大分県の「湯布院温泉」の知名度の陰に潜《ひそ》む目立たない秘湯でした。

それが、新明館という旅館の後藤哲也氏（観光カリスマ）という方を中心に温泉地再生のために地域が一体となり、活動をしてきた結果、全国にその名を轟《とどろ》かせる温泉地になったというのです。

その経過は、ここでは長くなりますので詳細を記述する事はできませんが、簡単に言いますとその秘訣は、黒川温泉という温泉地を一つの「大きな旅館」に見立て、20軒あまりの旅館を「客室」、温泉街の道路を「旅館の廊下」として「黒川温泉、一旅館主義」という合言葉を温泉組合、地域住民全員が共有し、温泉地再建に利害を越え、皆一つになって全力で活動をしてきた結果だと本に書いてありました。

後藤氏は自分の旅館を「ナンバーワン」にする事よりも、黒川全体を「オンリーワン」の温泉地にする事に徹しました。その結果、気が付いたら「ナンバーワン」の温泉地になっていたという発想力がすごいなと思います。

私は後藤氏の本をすべて読んでみました。そして、この考え方をフラワー長井線にも応用できるのでは？　と思い付いたのです。

フラワー長井線は起点の新幹線停車駅の赤湯駅から、南陽市・川西町・長井市・白鷹町の4つの「地域」を結んでいます。ここの沿線を一つの大きな「テーマパーク（フラワー長井線ランド）」に見立てます。4つの「地域」はディズニーランドでいえば「ウエスタンランド」「ファンタジーランド」などの「エリア」、線路はパークの交通路です。「駅や最上川《もがみがわ》や沿線にそびえる葉山」が「ビッグサンダーマウンテン」などのアトラクションのようなものです。

そしてメインのアトラクションは列車の車両です。「動くシンデレラ城」という感じでしょうか？　沿線の商店街が「ワールドバザール」、飲食店がディズニーランドのレストラン街です。こう考えると楽しくなってきます。

そして、フラワー長井線の「乗客」がディズニーランドでいう、「ゲスト」です。山形鉄道の社員、自治体の職員、沿線の住民の方々全員が「キャスト」です。

そして、「ドナルド」などのキャラクターはイベントの時に力を貸してくれる、幼稚園の子どもたちや高校の生徒さん、花笠音頭を踊ってくれる人、黒獅子《くろじし》などでしょうか？　そしてメインキャラクターの「ミッキーマウス」はもちろん「方言ガイドの朝倉君」ですね。

しかし、ディズニーランドがどんなにすばらしくても、人工で創られた施設に過ぎません。「フラワー長井線ランド」は、郷土の自然と共に長い歴史を人々とともに生きてきた本物の資源です。だからオンリーワンになれる可能性があるのです。

沿線の皆様もびっくり、フィンランドから本場サンタクロースを連れて来た

２００７年７月７日の「読売七夕列車」が大反響を呼び、気分を良くした私は山形営業所入社５年目の松本武敏君に、何か面白いイベントをやらないかと相談するつもりでいました。彼は山形営業所一番のアイデアマンです。彼と話をしていると、良い刺激を受けます。いつも、松本君になんか相談しようと彼の背中をじっ～と見つめます。すると……。

「そうだ！　サンタクロースだ！」私は思わず、ひざを叩《たた》きました。そして、松本君に遠慮しながら話し始めました。

「松本君。たしか君のお父さんはサンタクロースと仲いいよね～ぇ」

「まぁ、そうですけど、所長、何をたくらんでいるんですか？」

所員である松本君のお父さんは商事会社を経営しており、サンタの国フィンランドに強烈なコネクションを持っているのです。毎年、12月になると山形空港に「本物のサンタク

ロース」を連れて来ては、子どもたちを楽しませていたのでした。

そういえば新聞記事に空港のロビーで子どもたちがサンタに囲まれ、手をつないで歌を歌っているシーンを見た記憶があります。いいぞ！　いいぞ！　小さなローカル線の駅にフィンランドから本物のサンタさんがやって来る。これは絵になります。

「なぁ、松本君頼むよ。クリスマス・サンタ列車、絶対いけるよ。そう思わない？」

「まっ、考えておきますね」と、気のない返事が返って来ました。

でも、私には確信がありました。たぶん彼はサンタを連れて来ると……。間髪いれずに、朝倉君に山形空港にサンタが来た時の新聞記事をＦＡＸ《ファックス》します。

「何ですかこれ？」

「だからサンタクロースを長井線に呼ぶんだよ。フィンランドから！」

「フィンランド？　サンタ？」

困惑している朝倉君にやっとの思いで、このイベントの楽しさを伝えました。

「いけるんでねぇかな？　そうだ『サンタ特急』ってのはどうですか？」

彼もなかなかいい感性をしています。このネーミングもいい感じです。そして、松本君と朝倉君は同い年。この二人、いいコンビになりそうです。七夕列車での下地もあるし、このイベントは、若者二人で仕切らせようと思っていました。

（朝倉君は当初、まさか本当にサンタが来るとは思ってなかったようですが…）

「せっかくフィンランドから本物のサンタが来るんだから、列車さ乗る人だけで楽しむなんてもったいねーべ。いっぱいの人に楽しんでもらいっちゃい」

と朝倉君は、あえてサンタを列車に乗せずに、長井駅前でサンタ歓迎の祭り「サンタ・フェスティバル」を行おうという提案を出してきました。駅舎の中にサンタの部屋をつくるなど、とても楽しそうです。

「サンタが一人でいると不気味ですよ。なんか演出ないですかねー」

対する松本君が意見します。

「それなら、子どもたちがサンタの周りでクリスマスソングを歌うと、おもしろそうですよね。子どもたちも喜ぶだろうし」

朝倉君はさっそく、地元保育園の協力を得てサンタの周りで歌を歌ってくれるよう交渉してくれました。七夕列車を手がけていた頃の朝倉君とはまるで別人のようです。

「サンタが来るんだから、絶対、長井線に乗りっちゃい人いるはずだ。ようし、自分たちで募集してみっか」と、朝倉君は張りきっています。

山形鉄道は、これまで、人集めはたいてい旅行会社に頼んでいました。今回は、朝倉君が中心となり、自社で１００組も集めようというのだから驚きです。しかも、観光客でなく、地元の人に乗ってもらおうというのだから、ハードルが高いのです。「クリスマス・サンタ特急」発売開始日。朝倉君や社員全員の頑張り甲斐があって、用意しておいたチケットは一瞬で完売してしまいました。窓口には行列もできたそうです。キャンセル待ちまで出てしまい大好評でした。結局、当初100組の募集に対し、130組の乗客が集まりました。

2007年12月2日、「クリスマス・サンタ特急」が走るイベントの当日。長井駅だけでなく、荒砥《あらと》駅、西大塚駅、宮内駅、赤湯駅でもクリスマスのイベントが行われ、それをフラワー長井線がつなぎました。

山形鉄道の社員や自治体の職員がサンタクロースの格好をして、観光客や子どもたちを楽しませています。もちろん、七夕列車の時と同じように、長井駅前商店街の人たちもサンタの格好をして、このイベントを盛り上げてくれます。

まさに沿線2市2町でつくる「フラワー長井線クリスマス・サンタランド」です。

天気は残念ながら雪でなく大雨でしたが、保育園の園児たちがサンタに囲まれて雨の中、一生懸歌っているのを見て、ちょっと目頭《めがしら》が熱くなりました。駅舎の中は、地元の人や園児たちの親、観光客で、長井駅がまるで東京の新宿駅のように混雑しました。(ちょっとオーバーかな？）

外からでは見えない秘密の「サンタの部屋」から、フィンランドから来た本物サンタの登場です。その時の子どもたちが驚いた顔と言ったらありません。

「松本さん本当にありがとうございました。サンタという目玉をつくってくれて。こんなに盛り上ると思わねがった」と朝倉君。

「いや、ぼくは、ただサンタを連れてきただけだけど……」

いかにも、松本君らしい返事です。もう、私の出る幕はないな。この二人は最強のコンビだなと思いました。片付けが終わり、お力添え頂いた自治体、長井市商工会議所、沿線住民の皆様と簡単な反省会をしました。朝倉君が最後に挨拶します。

「みなさん今日は雨の中、本当にありがとうございました」するとどこからか、クラッカーの音がけたたましく鳴り響き、紙テープが勢い良く飛び散りました。「おめでとう～」という声と、同時に、全員が「ハッピーバースデーの歌」を合唱し始めました。

今日12月2日は、朝倉君の29歳の誕生日なのでした。商店街の人たちが内緒でお祝いの準備をしていてくれたのでした。恥ずかしいのと驚きと、嬉しさで胸が一杯なのでしょう。朝倉君の目が潤《うる》んでいます。そう、本物のサンタクロースが一番がんばった朝倉君に、この日、最高のクリスマス・プレゼントを持って来てくれたのでした。

フラワー長井線をテーマパークに見立てた、野村流マップ＆カレンダー。沿線２市２町のガイドにもなっている。（500円）

(現在、カレンダー付きのマップは品切れ中です)

4市町をテーマパークに見立てました

長井線「絵マップ」

ユニークなキャラクター登場 置賜弁で名所紹介

山形鉄道製作

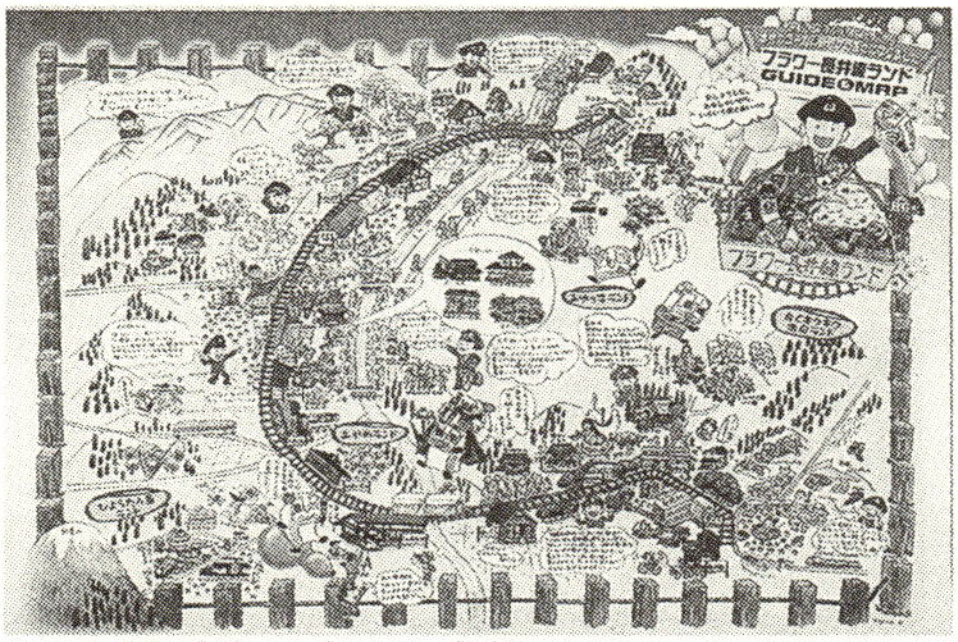

山形鉄道が発売した「フラワー長井線ランドGUIDE&MAP」

フラワー長井線を運行する山形鉄道（長井市、若狭嘉政社長）は、同線沿線の二市二町を漫画風に紹介する「フラワー長井線ランドGUIDE&MAP」を製作、十三日から販売を始めた。沿線全体をテーマパークになぞらえたユニークなイラストマップだ。

◇　◇

同社は去年から長井線で「日本一なが〜い卓上カレンダー」を販売、好評を博している。この中にも沿線の見どころなどは掲載されているが、スペースの関係で駅とその周辺を写真で紹介する程度だった。

そこで今回は沿線全体を「フラワー長井線ランド」、各市町を「あゆっ子ランド」（白鷹）、「あやめランド」（長井）、「ひょうたん島ランド」（川西）、「良くキクキク温泉ランド」（南陽）と名付け、花の名所やイベント、観光・文化施設、高校なども盛り込んだ。

イラストは山形市の佐竹美穂さんに依頼。長井線の車両を擬人化したキャラクターも加え、方言ガイドで有名になった運転士の朝倉達夫さんを模したキャラクターが置賜弁で各地の名所を紹介する内容になっている。

同社はこのマップを一万部準備、十三日から一部五百円で赤湯、長井、荒砥の有人三駅と、団体客を対象とした車内で販売を始めた。

同社の成沢栄一専務は「長井線のＰＲとしてはもちろん、県内外のお客さまに沿線の魅力をアピールして、リピーターを増やす効果も期待したい」と話している。

2008年 2 月14日付山形新聞。これはガイド＆マップ。2 市 2 町の見所を紹介。（500円）

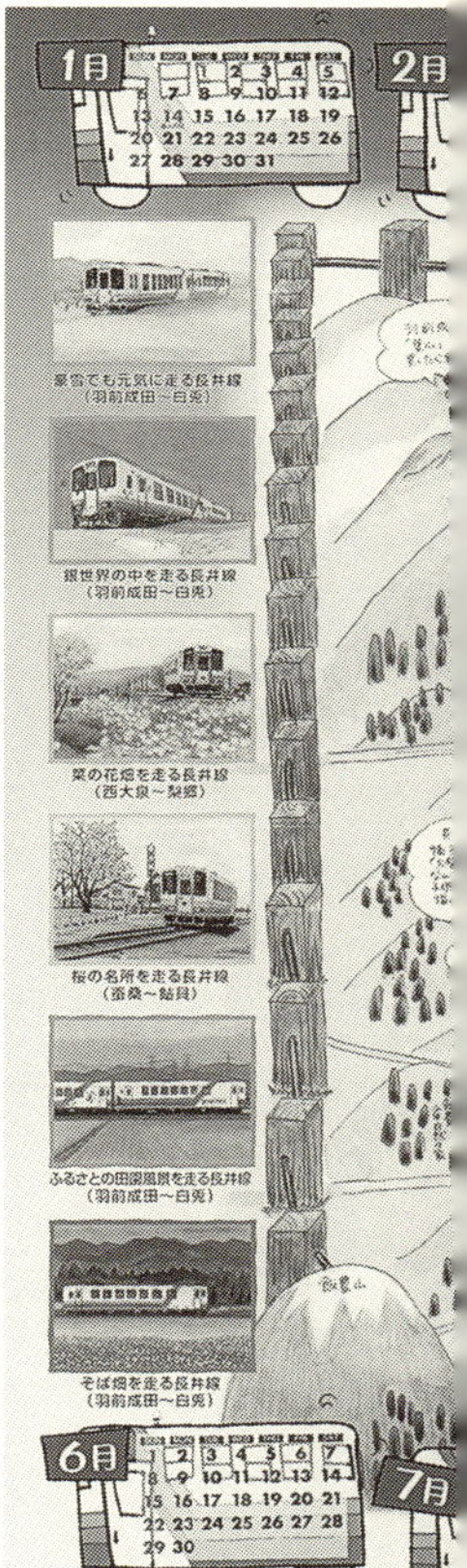

全長2ﾒｰﾄﾙのカレンダー

山形鉄道の沿線風景紹介

「日本一なが～い卓上カレンダー」を企画した野村所長

「フラワー長井線」の愛称で親しまれる山形鉄道の沿線風景を紹介した長さ2ﾒｰﾄﾙ以上のカレンダー「日本一なが～い卓上カレンダー」ができ上がった。5日から長井駅などで販売される。

読売旅行山形営業所（山形市香澄町）の野村浩志所長(38)が企画
4ｾﾝﾁ、横17・
が12枚連なり、
田園風景を走る
の名所などが水彩
れている。

「（荒砥―鮎貝駅
上川鉄橋は）日本で
に古い鉄橋なんだず
郷駅周辺は）ホップの
つづいったんだよ」な
置賜弁で沿線の観光地を
イドしているのも楽し
る。

企画した野村所長は「フラワー長井線の新しい名物になれば」と期待している。

1部500円。問い合わせは山形鉄道（0238・88・2002）へ。

2007年1月5日付読売新聞山形版。長さ2メートル余の日本一長いカレンダー。企画者の本人と下が実物の表紙。（500円）

フラワー長井線絵本物語

乗客増企画の裏話も

著書を手に、方言ガイドを務めた3年間を振り返る朝倉さん（長井市の山形鉄道本社で）

運転士・朝倉さん作

山形鉄道（本社・長井市）フラワー長井線の「方言ガイド」として知られる運転士・朝倉達夫さん(29)らが乗客を増やすための取り組みなどをつづった著書「ローカル線ボーイ　フラワー長井線絵本物語」（同鉄道発行、500円）が、4月上旬から同線の駅などで販売され、好評だ。置賜弁でガイドを始めた理由などが明かされており、朝倉さんは、こうしたチャレンジを通じて「小さな一歩を踏み出す大切さを知ってほしい」と呼びかけている。

昨年11月、朝倉さんの良き相談相手である旅行会社所長、野村浩志さん(40)の勧めで、執筆が決まった。朝倉さんの原稿を、野村さんが加筆、構成してA5判、38㌻の本が完成した。

「おしょうしなっし（ありがとうございます）」「しょうしい（はずかしい）」など置賜弁をふんだんに取り入れた温かな文体で、周囲から「あそごは赤字だから、そのうちつぶれっぞ」と言われていた長井線の運転士になり、サービス精神の大切さに目覚める過程などをつづっている。「絵本物語」というタイトル通り、佐竹美穂さんによるイラストも多数掲載した。

幼稚園児らの絵を列車内に飾る「お絵かき列車」や昆虫ブームの際の「カブトムシ格闘列車」、昨夏の「七タイベント列車」など、人気を集めた企画の裏話も紹介され、ビジネスなどのヒントを得ることもできそうだ。

すっかりおなじみになった方言ガイドを始めた当時の心境について、朝倉さんは本の中で「不安で仕方なかったが、始めてみると大うけでした。これっけるんでねーのが。もどんどんやってみっぞど」と振り返っている。

同線の荒砥、長井、赤湯の3駅や団体列車の車内でで販売しているほか、同鉄道のホームページからも購入できる。朝倉さんがガイドを務めた団体客の購入も多く、本へのサインを求められることもあるという。

朝倉さんは「長井線沿線では、5月はナノハナ、6月はアヤメやサクランボが楽しめる。多くの人に乗車してもらい、ぜひ本も楽しんでもらいたい」と話している。

2008年 4 月30日付山形新聞。フラワー長井線「ローカル線ボーイ」朝倉達夫運転士の方言ガイドが生まれるまでの物語。（500円）

ローカル線ボーイ
フラワー長井線絵本物語
350名の観光客が10,000名に増えた！
若き運転士の感動と涙の物語
夢や目標の実現する言葉とは？

読売旅行の「七夕福袋列車」とさくらんぼ狩り食べ放題のチラシ。6,666円が効いている。フラワー長井線を貸切った時のもの。

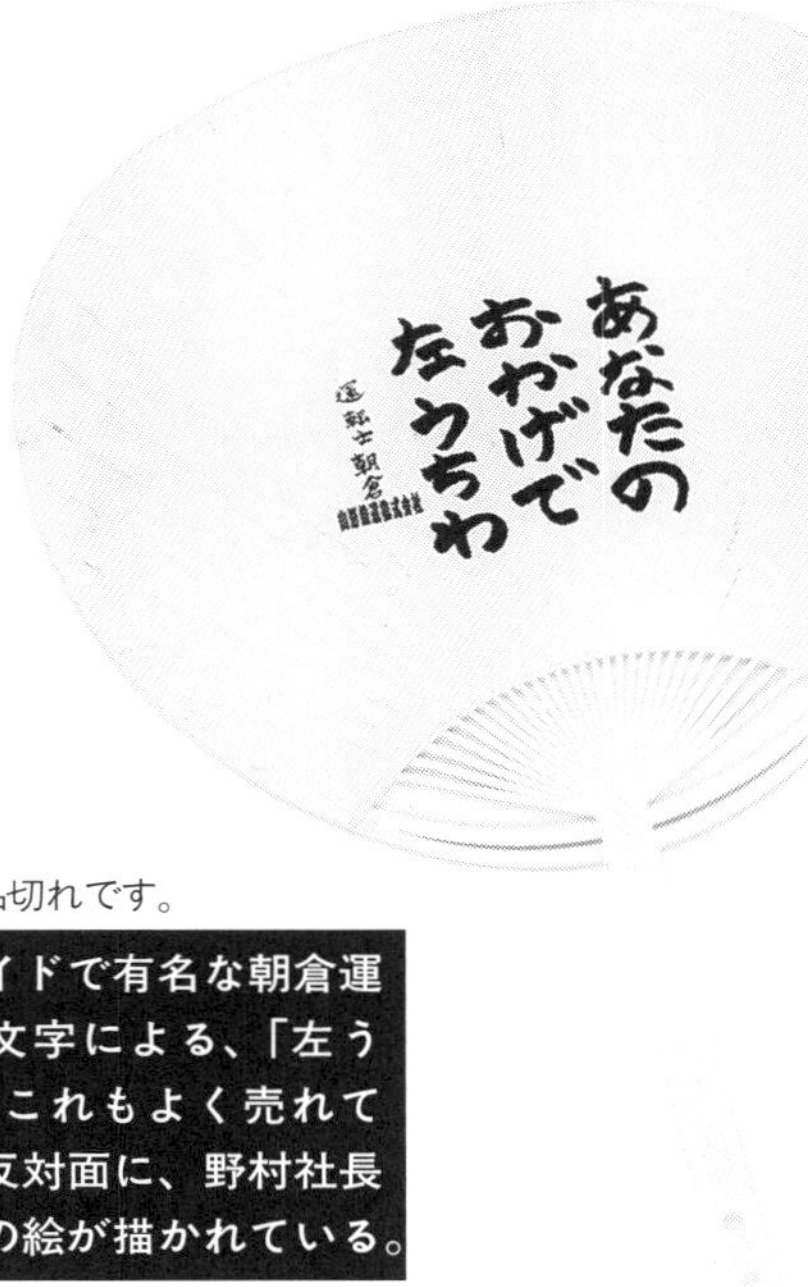

ただ今、品切れです。

方言ガイドで有名な朝倉運転士の文字による、「左うちわ」、これもよく売れている。反対面に、野村社長の父親の絵が描かれている。

長井に“本場”のサンタがやってきた!!

企画列車を運行

フラワー長井線

駅では歌の交流

クリスマスを前に、フラワー長井線を運営する第三セクターの山形鉄道（長井市、若狭嘉政社長）は二日、フィンランド・ラップランド州政府公認のサンタクロースを招いて交流する企画列車「サンタ特急」を運行した。

共同企画した旅行会社主催の「サンタ列車」と合わせて、三両編成の臨時列車で計四本運行。県内外から親子連れなど約七百五十人が参加した。

企画列車の乗客たちは長井駅で、赤い服を着て帽子をかぶり、白いひげをたくわえた“本場”サンタクロースと対面。地元の保育園児たちと一緒にクリスマスソングやハンドベルの演奏を披露するサンタクロースを写真やビデオで撮影しながら、一足早いクリスマスの雰囲気を満喫していた。

子どもたちとクリスマスソングを歌うフィンランド・ラップランド州政府公認のサンタクロース（中央）＝長井市・フラワー長井線長井駅

2007年12月３日付山形新聞の１面を飾った記事。フィンランドからやってきたサンタさんと子どもたち。フラワー長井線長井駅で。

第7章

駄目サラリーマンで口ベタな私に講演依頼が殺到！

日本で１番古い鉄橋を渡る
フラワー長井線
（四季の郷〜荒砥）

将来、講演しながら全国を旅したい

私が一番苦手な事は、「人前で話をする事」です。学生時代、国語の時間などで朗読が当たると、緊張のあまり足がガタガタ震《ふる》え心臓はドキドキし、冷や汗がだらだら流れ、その場で座り込んでしまう事があるほど気弱な少年でした。

また、会社の会議などでは、良いアイデアを持っていても、シドロモドロで言いたい事の10分の1も発言できずに、とても辛い思いをしていました。しかし、私は何故か、「人前で話をする」機会に恵まれて（？）しまい、その度に大きな緊張感を味わってきました。結婚式のスピーチなんかを頼まれるともう大変です。まだ3ヶ月も先の事なのに心配で心配で夜も眠れません。

今思えば中学2年生の時には、私が弁論大会に出場する事になり、（たいした論文でないのに）何度も練習して、なんとか汗をぐっしょりかいて乗り切りました。そして、前にもお話ししたとおり、大学時代は塾の講師を経験し、あげくの果てには旅行会社に入社してしまいました。旅行会社というのは添乗員の仕事を始め、とにかく、お客さんを相手に

「人前で話す」事が多く、よくぞ今まで務められたものだと思います。

その後、次長になり所長になるにつれて、会社の全国代表者会議などで意見を求められる事が多くなり、所長ともなれば、朝礼、終礼時には、それなりに気の利《き》いた話を所員の前でしなければなりません。そして、何故か、自らイベントを仕掛ける様になり、あやしい駄菓子屋のおやじの格好をして、週末は「移動駄菓子屋さん」をしています。元来「目立つ」事が大嫌いな私なのですが、この変貌《へんぼう》ぶりは自分でも不思議でなりません。

また、旅行会社時代、あるホテルで会議の設営を担当し、舞台の上の演台を設置した時の事です。何となく「その演台に立ちたい」という衝動が生まれ、誰もいなかったのでマイクを握り、話しをする真似事をしてみました。そうしていると、妙なワクワク感を感じてしまったのです。中学生時代の弁論大会、大学時代の塾講師の経験、添乗員としてバスの中で、冗談を言ってお客さんを笑わせている自分。その映像がまるで一つに結びつくような感動を覚えました。

「人前で自分の体験を話したい」「人に夢や希望を持ってもらえるような話をしたい」ただただ、漠然《ばくぜん》とそういう気持ちが湧《わ》き立ってきました。

野村さん講演お願いします。タウン情報誌から頼まれる

電話があまり鳴らない午後の一時《ひと》、当時勤めていた読売旅行の東京本社から私宛に電話がありました。何でも社長命令で、鶴岡市（山形県の日本海側にある城下町）出身の作家、「藤沢周平」さんについて調べてくれというのです。ちょうど、氏の映画「蟬《せみ》しぐれ」が上映されたばかりで、「良い旅行素材にならないか？　現地に視察に行って来い！」という事らしいのです。

困った時の当時の読売新聞山形支局長井上氏に、その時、鶴岡に近い酒田市にあるタウン情報誌の編集長、設楽《しだら》京子さんを紹介して頂きました。お陰様で取材は順調に進み、会社にもレポートを提出。任務は無事終了しました。（設楽さん、ありがとうございました）

その翌年（2006年の春）、その設楽編集長からびっくりするようなメールが届きました。簡単にいうならば、私に講演をしてくれないか？　という内容です。

一度しか面識がなかったにも関わらず、何を間違えたのか、私の事を気に入ってくれた

様なのです。

私としては講演をしたいという願い事が叶うわけですから、当然嬉しかったのです。しかし、講演はもっと自分が成熟し、老後になってからだと思っていたので気持ちに反し、私は即座にこのお話をお断りしてしまいました。

昔の気の弱い自分が出てきてしまったのでしょう。「緊張したらどうしよう」「聴衆が100名も来るなんて絶対無理」とマイナス思考に陥《おちい》り、私は「できない理由」ばかりを並べたて、せっかくの自分のやりたい目標から逃げてしまったのでした。

ましてや、演題は「おもてなし講座」という内容だったので、人をもてなす事が一番苦手な自分に何が話せるのか？　もっと、実績や経験を積んでからでなければそんな事できないよ、と本気で思っていたのです。

ところがこの編集長がとても諦《あきら》めの悪い方で、私が何度も何度も、何回もお断りの連絡をしているのに、「大丈夫、大丈夫」と聞き入れてくれないのです。それどころか、日程はいつがいいのか？　宿泊するホテルはどこを用意しましょうか？　とか、顔写真を送れとか、もう私が講演をするのを前提に話をどんどん進めてしまうのです。

「助けてください。本当に、本当に、私は無理です。緊張しちゃうんです。それに最近、体の具合が悪く、その頃私は入院していますよ、きっと！」などと、仮病をつかい入院予定まで伝えてしまう始末。本当にお恥ずかしい限りです。

「講演までには、治りますわよ！　そうそう、それなら野村さんは最後の回、アンカーにしますわね。どうかよろしく！」と言ったのが最後、数日後パンフレットが届きました。

これを見て私は身震いをしてしまいました。私以外の講師の皆さんは、有名旅館の社長さんや地元の名士、観光カリスマ、代議士さんばかりが名を連ねていたからです。

「ここまで来たからには、もうあとには引けない！　やるしかない！」と、半分私はやけくそで、講演を引き受ける事にしました。

初講演は100人の聴衆！「条件付きの講演」で切り抜ける

そして、名（迷）案が浮かびました。講演らしくない講演。私は編集長に以下5つの条件を出したのでした。
①講演時にはスーツでなく、ねじり鉢巻き、ハッピ姿をした、駄菓子屋のおやじの格好で話をする事。
②講演をする壇上《だんじょう》に実際の駄菓子屋さんセットを設置させてもらう事。

③「おもてなし」という固い話は出来ないが、自分の「移動駄菓子屋さん」や「移動美術館」の体験をもとに、昭和の駄菓子屋さんの小道具を題材にお話をさせてもらう事。
④演台に上がらず、皆さんと同じ目線でお話をさせて頂く事。
⑤たいした話などできないので、期待しないで欲しい、という前提。

以上、5つの条件を了承してもらえたら講演を引き受けるという約束をしました。（今から思えばこの条件提示の方がすごく恥ずかしいと思うのですが…）

講演当日、私は、上手く伝えられない時のために、自分が話しをする内容の小冊子を人数分（100冊）徹夜で自分で用意し、当日、設楽編集長に製本をお願いし、皆さんにお配りしました。

会場は、酒田産業会館の4階、日本海の間です。舞台の上にマイクがあります。いよいよ初めての講演です。感動に浸《ひた》っている暇《ひま》などなく、車から、ちゃぶ台、錆《さ》びたホーロー看板、破れた障子《しょうじ》など、おびただしいほどの駄菓子屋小道具を、エレベーターで何往復もしながら運び入れました。鶴岡の駅ビル美術館で知り合った高校生の男の子も手伝ってくれました。

講演の時間が迫って来ました。来場のお客様は唖然《あぜん》としています。講演？　駄菓子屋？

余興？　いったい何？　そして講師席にはポツンと、唐草模様《からくさもよう》のハッピにねじり鉢巻姿の駄菓子屋のおやじである私が座っています。

司会者がマイクを取りました。聴衆は講師の先生はどこぞ？　とばかりにキョロキョロとあたりを見渡しています。

そして、司会者が私の経歴を紹介します。心臓が激しくドキドキ蠢《うごめ》いています。目の前が真っ白になりそうです。（いつもならね……）

でも、この日は違いました。駄菓子屋のおやじが今日の講師だと知って、みなさんから驚きと同時に大きな拍手を頂けたのです。これで、私は、一気に緊張が解けました。

1時間半なんかあっという間でした。正直もっと話をしていたかった。気持ちよくカラオケでも歌っているような感動まで覚えました。（聴衆の皆様ごめんなさい。でも、話は本当に真剣に話したつもりです。はい）

おそらく、3時間かけて駄菓子屋セットを壇上に設置し、講演ギリギリまで事前準備をしたので、この事がかえって良かったようです。本番中の私はまったく緊張せず、お話をする事ができました。（正確には緊張する時間がなかったのです）

今までの私は、「うまく話しをする」という事ばかり考えていたので、緊張していたのですね。うまく話せなくてもいいんです。つっかえつっかえでも、格好悪くてもいいんですね。そしてなにより準備が大切です。お客様をびっくりさせちゃうぞ！という気持ちが大切なんですね。私の場合それが駄菓子屋ファッションをする事と、本物の駄菓子屋セットを壇上に設置する事、そして、講演の中身の冊子の準備だったんです。（暗示の様なものだったのかもしれませんね）

そして、この日は準備をしている時から楽しみで仕方がありませんでした。人を喜ばすには、まず自分が楽しむ事。おもてなしとはまさに、「両思い」にならなければいけないんですね。そして、講演とは自分をよく見せず、ありのままの自分で良いのだと初めて知らされました。因果なもので、私は「おもてなし講座」の講師役をしながら結果的に、この事を聴衆の皆様から逆に教えて頂いたのでした。

東京〜山形、1日3会場同時に駄菓子屋を開店
さらに小学校の「出前授業」で大ピンチ！

こうして、私は、鉄道風景画の絵描き、駄菓子屋、移動美術館、イベント屋、講演家、まちづくりの相談、そして本業の旅行会社の所長として超多忙な時期を送る事になります。

２００６年の10月の連休なんかは、駄菓子屋を県内外３会場に別々に設置し、私を応援

してくれる仲間に運営をお願いして、各会場を渡り歩いていました。埼玉の実家の、自分の親父まで売り子に引っ張り出したほどです。

金曜日の夜行バスで、東京へ向かいます。土曜日の朝、新宿の高層ビルの地下で開かれる、住宅リフォームフェアのイベントを準備して、自分の父親に駄菓子屋の店番をお願いします。

私は久々の東京なので、レトロ博物館やグッズの仕入れに夕方まで飛び回ります。お礼に自分の父親に池袋にあるサンシャインビル内の餃子博物館で食事をご馳走し、私は食事後、山形新幹線で米沢へ向かいます。ここで、ウチのカミさんと娘たちが待っています。

今度は私が、娘を預かると、カミさんが東京へ向かいます。その夜は私と娘たちが米沢のビジネスホテル、カミさんは東京の実家に泊めてもらいます。

翌日、カミさんが新宿の住宅リフォームフェアのイベント会場で駄菓子屋を担当し、私は、朝3時に起きて、米沢のえびす市という地域のお祭りイベントに駄菓子屋を設置。そこは、福島県の友達に店番をしてもらいます。

そして山形に戻り、山形駅前のイベントで駄菓子屋の設置。ここも友達に任せます。そして米沢に舞い戻り、終了後、米沢の友達の家で預かってくれていた子どもたちを引き取りにいきます。まるで、テレビの2時間ドラマ「サスペンス劇場」顔負けの動きをしていました。

同じ年の12月には、ボロボロのちび電号で、山形から県境の峠道を越えて高速道路を6時間走行し、新潟県の越後湯沢のホテルの宴会場で、駄菓子屋忘年会の準備、運営をして、翌朝4時に起きて、2時間かけて撤収。即、豪雪の中、高速道路を飛ばして、石川県の和倉温泉加賀屋まで7時間走行。会場に15時に到着。滑り込みセーフです。

2時間で加賀屋の大宴会場で駄菓子屋を設置。当日、宴席に座ったお客様は、まさか、あの超有名旅館の宴会場に、駄菓子屋が登場するとは思わなかったとみえ、大盛況でした。

まさに、サプライズ効果ですね。

翌日は、朝から撤収。ホテルを15時に出て富山の仕事関係の業者さんと旅の企画の打ち合わせをして、厳冬の中、暖房も効かないちび電号を運転し、寒さに震えながら帰路につきました。車の中で厚着のコートで運転してるなんて、本当に滑稽《こっけい》です。しかし、30分も運転していると凍《こご》えてしまい、サービスエリアで何度も暖をとり、休憩を重ねながら10時間かけて帰路に着きました。

山形市の家に着いたのは午前3時30分。3時間ほど仮眠しました。でもゆっくり寝ていられません。今日は、初めて小学校6年生相手に「駄菓子屋お絵かき教室」を開催する日なのでした。この車もよく金沢まで走ったものだと、誉《ほ》めてやりたい気分で、山形県内の上山《かみのやま》小学校へ向かいます。途中、信号待ちでアクセルを踏んでいないのに、「ブゥン～ブゥン～！」と、エンジンをふかす音が聞こえてきます。

なんかおかしい。昨日まで走りまくって、今日も絶好調なのだろう！　って思った私が本当に甘かった。そのまま気がつかないで15分ほど走行中、ボンネットから白い煙が噴出し、水温計は大きく「H」の記号をはるかにはみ出してしまって、いまにも車が燃えてしまいそうな恐怖を覚えました。

中途半端に車を停《と》めたため、後続車が激しくクラクションを鳴らしてきます。小学校の講演まであと15分。遅刻するわけにもいきません。タクシーを呼ぶにしても、自分の車はどうする？　自宅に電話をかけても、誰もいない。もはや八方塞《ふさが》り。万事休す。

自分が子どもだったら「おかあさ～ん」と泣き叫びたいシーンです。そうなのです。唯一頼りなのがカミさん。でも携帯電話もつながらない。少し冷静になって小学校の先生に連絡。場所を告げると、用務員のお兄さんが迎えにきてくれると言います。

私はもう、どうにでもなれと、ちび電を路上放棄し、10分遅れで小学校の会場に到着。ありがたい事に担任の先生が絵画教室の前振りをしていてくれたので、急場を凌《しの》ぐことができ、「ちび電号」はなんとか妻がレッカー車で工場に運んでくれたのでした。

本当に、私の人生、妻には頭があがりません。この日の昼食は彼女の食べたいものをなんでもご馳走《ちそう》したのは言うまでもありませんが……。

でも、初めての小学生相手の講演、とても面白かったです。自分に乾杯。車を運転しなくていいこの日、私も昼間っから妻とともにビールを大瓶3本も空けてしまいました。

「公園活動」から「講演活動」へ

こうして移動美術館や駄菓子屋から始まった私の小さな活動が、少しずつどこかで話題になっていき、酒田で初講演をさせてもらってから、多数の団体から講演依頼が飛び込んでくるようになってきました。自分でも本当に不思議です。

「野村さんは絵が上手いからですよ」とおだててくれる人もいたりしますが、最近は面倒で時間もなく、絵画なんて自宅にすら1枚も飾っていません。それなのに、テレビや新聞記者がよく取材にくるのです。何故なのでしょう。

おそらく私が「変人だから」だと思います。絵を描いたり、飾ったり、駄菓子屋をやるなんて簡単だけど、恥ずかしいし、メリットなんかもなさそうだと、普通の人は常識的に考えるからだと思います。みなさんはいかがですか？

私の活動をこの本で読んで頂いて「よし！　俺も明日から移動駄菓子屋さんをやるぞ！」と思われた奇特な方は千人に1人いや10万人に1人いるかどうかでしょう。（いらっしゃったら、連絡先の出版社「ほんの木」へご一報ください）

この私はといえば、小さい活動ですが、まちおこしのイベントに毎週出向いたり、保育園のお楽しみ会で駄菓子屋さん体験をしてもらったり、小学校で絵画教室をしたりして、いわば小さな社会貢献活動をしています。あともう一つ付け加えさせて頂けるとしたら、「やっている自分が一番楽しい！」からなんだと思います。

イベント当日は、ほとんどの場所が遠方のため、早朝から出発します。東京や金沢なんかに出かける時は、会社から帰って来て一睡もせず、徹夜で運転をして、会場で早朝から準備をする、という事が結構ありました。

帰りはどこも泊らず夜中に出て、朝7時に自宅へ到着。ひと風呂浴びて、そのまま会社へという生活です。そんな生活をここ3年間、毎週末やっていました。やはり自分が楽しくなくちゃ絶対できないし、だからこそ、その熱い思いが他の人々に少なからずとも影響しているのでは、と最近感じます。

最初の頃はそれこそ、「公園」や「ローカル線の駅前」という寂しいところで、細々とやっていたこの駄菓子屋活動も今では、市長さんと同席で、観光についてのパネラーや講演までをするようになりました。本当にありがたい事です。『「公園」から「講演」へ』発音も志も全く同じです。これからも私は初心を忘れずに、やっていきたいと思っています。

手作りの会社案内がこれ。「フラワー長井線」のご案内。会社案内というより面白ガイド。旅行代理店も手を止めてくれそう。

駄菓子屋さんのあの時、この時のスナップ写真。左下は、教室の中で出前授業。レトロな昭和ふう駄菓子屋は、いつでもイベントの人気者。

第8章

お父さん
会社辞めないで！

白鳥を眺めながら走る
フラワー長井線
（羽前成田〜白兎）

クリスマス。私の携帯が鳴り止みません！山形鉄道社長公募告示の日

２００８年12月25日、クリスマスの日。私の携帯電話が次々と鳴ります。そう、「フラワー長井線の社長公募」記事を見て、聞いて、長井の仲間や友人知人、様々な方々から「受けてみろよ」と、冷やかし半分本気半分の連絡を頂きました。

そして驚いたのは長井市の内谷重治市長からもご連絡を頂いたのです。内谷市長は、七夕列車でお会いして以来でしたから、とてもびっくりしました。

実は七夕列車の時、内谷市長から真剣な表情で問いかけられた、「山形鉄道存続のためにいろいろアドバイスください」という言葉が、あれ以来脳裏から離れませんでした。

そのクリスマスの時の内谷市長との電話のやり取りは、こんな感じの話だったと思います。

「野村さん、大変ごぶさたをしております。野村さんが山形の営業所を成長させた手腕やフラワー長井線での数々のグッズ開発や観光列車の企画と集客力、駄菓子屋さんの事、お噂《うわさ》はかねがね聞いております。特に長井市にはいつもご協力いただいてありがとうござい

ます、ところで山形鉄道の次期社長を公募するというお話はご存じですか？」

「いやいや、私なんか、ただ鉄道が好きで、赤字が嫌いなのでやってるだけでして……」

　こういう時の私はとってもふだんは控えめになってしまいます。が、なんとこの時はとんでもない事を話してしまったのです。

「私も、社長公募の件は知っています。山形鉄道を再建させたい、黒字にしたいのです。運転士の朝倉君もあんなにがんばっているし、若狭社長、成澤専務はじめ、社員の方々も一生懸命です。それと地域の方々ともお陰様でたくさん知り合いになる事ができました。ぜひ公募を受けさせてください」と、積極的な想いを市長の熱意にも応えようと思い、ついついこのような言葉を思考よりも先に発してしまったのでした。まるで何か見えない物に押されたような感じがしました。

　すると市長から、さらに熱心な話を頂きました。

「山形鉄道には野村さんみたいな企画力があって、観光客をひきつけてくれる企画・営業力のある実務家が必要なんです。ビジネスセンスのある人材がいなければ財政再建は難しいと思います。山形鉄道は、歴代経営者の皆さんの献身的な努力にも関わらず、残念ながら少子化や車社会の広がりで開業以来ずっと赤字続きで来ました。ですから、首都圏のお客を中心に、新幹線と赤湯で接続する利点を生かした、観光鉄道への活用促進に脱皮しないと存続できないと私は思うのです。観光客に乗ってもらう事によって収益を拡大し、経営改革を行い、あるいは乗車運賃収入のみならず、全国への地域の物産の通信販売などを合わせて行うとかで、収入の道を広げる。あらゆる手法で、私は地域の高校生たちや高齢の方々の病院通いや、生活のための鉄道という必要性を確保するために、フラワー長井線を存続させたいのです。駅のバリアフリー化、置賜総合病院前駅の設置など、市民のために、また観光客の皆さんのためにも、やらなければならない仕事も多いのですが、市にも会社にも使えるお金がありません。ぜひ公募を受けてください。ただ、あくまで全国からの公募ですから、野村さんが必ずしも受かるとは限りません、それが申し訳ないのです。でも、私の印象では、あなたの実力、実践なら、自信を持って受けてもらいたいのです」

この人は本気だ。その時、電話口から聞こえる市長のその話しのビジョンや具体性から、ヒシヒシと伝わってくる情熱を改めて感じました。市長の言うとおりなのです。私も市長の熱い想いに共感し、その日は夜もなかなか眠れませんでした。

口から出まかせを言うつもりはないのですが、この時期（2008年12月~2009年2月上旬）の私は正直すごく悩んでいました。旅行会社で、観光客をたくさん集めて、フラワー長井線に連れて来る。でもそれには限度があります。しかし、ローカル線を黒字化し、存続させるのも重要な社会的意味を感じるのです。

開業以来約20年間、構造的赤字の鉄道会社ですから、何年か後に廃止になってしまうかもしれません。現に全国で毎年のようにローカル鉄道が廃止されていきます。山形鉄道も観光客は増えているといっても、年々少子化の中で高校生の数が減っています。何度も書いて申し訳ないのですがこの鉄道は1年間約1億円弱の赤字を出しています。

仮に自分が決心しても、読売旅行を円満退社できるだろうか？　それはともかく、最大の障壁《しょうへき》は「カミさん」の説得でした。

２００９年2月、私は社長公募に応募する決意を固め、カミさんに相談する下準備を着々と考えるものの、しかしどうカミさんを説得するのか？　冒頭にも書きましたが、いつまでも迷ってはいられません。期限である締切りは3日後に迫っています。

よし、カミさんに正直に言おう。今日はご機嫌もよさそうだし。

「あのお母さん、ちょっ……」

「何？　今、忙しいんだ。あっ、そうそう、山形鉄道って社長を公募してるんだってね。今、50人ぐらい応募者が集まってるらしいよ。新聞に載っていたよ。今度はどんな人が社長になるのかしら。お父さんと気の合う人だといいわね」

「……」

こう言われては何も言えません。「しかたない、一次試験だけは内緒で受けちゃおう。

小論文などの書類選考だけだから罪はない！　二次試験に通った段階で正直に話せばいいさ！」問題解決を先送りしてしまう、ずるい自分の登場です。でもこの時ばかりは、そうせざるを得ませんでした。冒頭でもこのいきさつに軽く触れましたが、ここでは家族の心の動きに焦点をあてて詳細を書いてみたいと思います。（よく、このあたりを皆様から聞かれるものですから）

2月17日22時、山形鉄道から一次合格の連絡が来てしまいました。いよいよカミさんに打ち明けなければなりません。どう考えてもこちらが不利です。こういう時は演出が大事です。（そうだ、困った時はステーキ屋に行こう！）

カミさん激怒！　娘たち「お父さん！　会社辞めないで」

イベントなどで家族が手伝ってくれた時は、私が夕飯をご馳走するのが我が家のルールです。

私とカミさんは、今晩も３６０グラムもあるステーキを2枚も平らげ、赤ワインを片手に大満足。とてもいい雰囲気です。私は酔った勢いも手伝って、ここぞとばかりに山形鉄道社長公募の話を切り出しました。

「おかあさん。大切な話があるんだ」

「なに？」

「俺、山形鉄道の社長公募を受けてみないか、って言われたんだ（と言うか、もう受けているんですけどね）」

「だれに？」

「う〜ん。長井の知り合いだけでなく、長井市の内谷市長にもなんだけど、俺が今までやってきた事をずっと応援してくれていた人たちからだよ」

「でも、山形鉄道って赤字の会社でしょ。そんな会社なのに大丈夫なの？」

「だから、そこをオレが再生するわけで…」

「ダメダメ、会社を辞めるなんてぜったいダメ。収入だって安定しないし、失敗したらどうするの？　私は、ワーキングプアなんかになりたくない！　今の会社にいて山形鉄道を応援すればいいじゃない。これは前にも言ったはずよ」

そうなのだ。彼女はごく最近この、ワーキングプアの本を読んだばかりだったのです。なんという悪いタイミング。

「そりゃあ、今は山形に住んでいて楽しいけど、一生というわけにはいかないでしょ。あなただって、埼玉に両親がいて、私にも東京に両親がいる。長男、長女よ、お互いに。いつかは戻って親を介護したり、面倒を見てあげたいでしょ？……」

その夜は、赤ワインの効き目が抜群だったのでしょう。閉店まで、カミさんと口論になってしまい、山形鉄道の公募どころか、駄菓子屋、レトログッズの大量コレクションまで、いかに私が自分勝手な事ばかりやってきたかの話へと逆襲《ぎゃくしゅう》され、まさに、修羅場《しゅらば》と化してしまったのでした。

人の役に立つ仕事を始めたい！

このように社長公募試験を受けている最中の私は様々な葛藤《かっとう》で落ち着かない日々を過ごしていました。（一次試験で10人に絞《しぼ》られたとの事で、社長になる可能性は10分の1。もし私が本当に合格してしまったら？　本当にそれが家族のためになるのか？　これが正しい選択なのか？）こんな時は黙々と本を読むに限ります。駄目人間の私が、唯一継続してやってきた事が読書です。中学時代から読んだ自己啓発本や人生論は、もう約3千冊以上になります。

そして、その本の中の一冊に、その時、私の人生を変えてしまう、衝撃の文章に出会ってしまったのでした。

「そろそろ、人に役立つ事をしてみませんか？」と。

今の旅行会社の仕事って何だろう。営業所のため、生活のため、自分のプライドのためにやっているのではないか？　そりゃあ8年前に山形営業所に配属された時は、他社が7万円近くする飛行機ツアーを39800円で発売し、なかなか飛行機で出かける機会が少ない、山形県内の大勢の方々を1年に2回～3回、格安ツアーでご案内する事ができました。これだけでも、少しは県内の皆様にお役に立てたのでは、と思っていました。

しかし、最近はその値段も不況下で定着し、格安旅行合戦の様子もみられ、割安感があまり感じられなくなってきた印象も否めません。もっと安くする事は、ツアーの品質を悪くする上、同業他社との値下げ合戦をさらに過熱させてしまいます。さらにバス会社や旅館さんには、原価を割った厳しい仕事をさせてしまい、経済的に多大な迷惑をかけてしまいます。

読売旅行という会社は最初の何年かは私にとって、とても辛い会社でした。何度も「辞めたい」と正直思っていました。でも最後は私にとって、いい意味で、自分の好きな事をさせてくれる「居心地の良い会社」でした。

しかし反面、年商20億円という厳しいノルマが襲いかかってきます。電話が全く鳴らない夢を何度もみてうなされました。繁忙期《はんぼうき》にはバスの予約が取れなかったり、予定の飛行機が取れてない事が前日に判明し、当日、集合場所でお客様300名の前で土下座する夢だってしょっちゅう見ました。実際、空港で土下座した事もあります。こんな時は、朝起きると、寝汗で背中がぐっしょり濡《ぬ》れてしまいます。

でも私は上司と部下に恵まれていたのだと思います。それなりに会社や上司は私の事を評価もしてくれました。しかし、今度ばかりは直接、小さくても良いから自分の一番大切にしてきた「鉄道」という分野で社会に貢献できないものか、と強く思ってしまったのです。同じ夜中にうなされるなら、今度は「赤字ローカル線を救ってみたい！」、この鉄道を黒字にする苦労を背負えないだろうか、カミさんに反対されても、これだけは自分の意志を貫くぞ、と。

みんな応援してくれてありがとう

こうして2009年2月末、山形鉄道社長公募試験の役員12名による面接が終わり、3

月上旬、晴れて社長公募の合格通知が届きました。しかし依然として、どういうふうに妻を説得するかという問題が最後までつきまといます。本当にどうしたものか……。

また、駄目サラリーマンの煮え切らない気持ちで家に帰ります。ここのところ、カミさんとは口も聞いてくれない状態が続いています。

休みの日。カミさんと娘二人は外出していて、誰も家にはいません。気持ちをまぎらわすために、まだ午後3時だというのに缶チューハイを開けてしまいました。（いったいどうすればいいんだ。100年に1度の経済不況の時代、どうすれば妻も納得してくれるんだ）

お酒が入ると、悲観的になってしまうからいただけません。でも、こういう時はもっとお酒が欲しくなります。近くの酒屋でお酒を買い足し戻ってくると、ポストに娘あての手紙が入っていました。

「そうだ！　手紙だ！　家族に手紙を書こう！」その方が本心が伝わりやすい。俺は話すのが苦手だったんだ。誠意をこめてキチンと自分の気持ちを家族3人に手紙で伝えよう」

私は、誰もいない台所で一人、思わず大声をあげてしまいました。

同じ屋根の下で暮らしている家族に手紙を出すのは変でしたが、とにかく家族に手紙を出しました。後は反応を待つばかりです。

3日後の夜、職場で残業しているとカミさんの携帯から着信がありました。相手は長女の笑《えみ》からでした。

「おとうさん、笑《えっ》ちゃんはお父さんがやりたい仕事に賛成だよ。いつまでも山形にいられるんでしょ。私は山形が大好きなの。お友だちとも別れ別れになりたくないし…それと、お給料も大丈夫なんだよね。みんなの夢だったお家も建てられるんだよね。笑ちゃんは皆と一緒にいたいんだよ。そのかわり、お母さんと仲良くしてね」

目頭が熱くなりました。娘にしゃべるのがやっとです。近くに誰もいないので涙を隠す必要もなく、携帯の受話器をつたって塩辛い液体がポタポタ落ちてきます。

「お母さんは?」

「お風呂に入ってる」

「そう、じゃまた今度の休みの日にでもみんなで話し合おうね」

「うん」

2009年3月15日、日曜日。カミさんが2階で掃除機をかけています。私は近くで自分の部屋の掃除をしていました。

「手紙読んでくれた?」

「うん。私は反対していたんじゃないの。なんか先が見えなくって、いつもお父さんいらいらしてるし」

「ごめんな。でもあの手紙に書いた事は、ほんとに素直な気持ちなんだよ」

「私もなんか手伝えるかな」

「もちろん。みんなでフラワー長井線を応援して欲しいな」

本当にフラワー長井線が再生できるのか、正直不安です。

それでも私は新しい場所で社会の役に立ちたい。おこがましいですが、人の役に立ちたいという気持ちが強かったのでしょう。いや、それだけ私は鉄道が大好きなんですね。鉄道で社会や人のお役に立てるのなら、どんなに辛い事があっても、それが本望なんです。なにしろ、いじめられっ子の私を助けてくれたのも、今の自分のようになれたのも、小さな奇跡を起こしてくれたのも、それは鉄道だったのです。今度はその鉄道にお返しをしなきゃ。

そして恥ずかしいですが、家族に書いた手紙というのは、こんな内容でした。

笑《えつ》ちゃん、夏《なつ》ちゃんへ

今、お父さんは、悩んでます。どんな事かというと、自分の人生についてです。笑っちゃん、夏ちゃんには、難しい話だよね。

ほら、覚えてる？　ずっと前にステーキ屋さんで、山形鉄道の社長になりたいって話をしたら、お母さんに大反対された話。あのあとお父さんのお友だちからも、「沿線の高校生やお年寄りのために山形鉄道を存続させてください。私たちも全力で協力しますから」と何度も何度も、いろいろな人からお願いされちゃったんだよ。

お父さんも、みんなの生活の事を考えて、悩んでいたんだ。でもね。山形鉄道はあと数年、このまま赤字だと、廃止になるかもしれないんだ。

そうしたら、社員の人たちも仕事がなくなっちゃって、困っちゃうし、高校生が学校に通えなくなっちゃうんだよ。それから、車の運転のできないおじいちゃん、おばあちゃんも病院に行けないし、お買い物もできなくなっちゃうんだ。

だから、お父さんはこの人たちを何とかしてあげたいんだよ。でも、皆は、「お父さん、お給料はちゃんともらえるの？」と心配するよね。それは、お父さんが君たちのために、お母さんのために、一番よい方法を考えるよ。だから心配しないでね。それに、ずーっと、この大好きな山形にいられるのだから、今の学校のお友達とずっと一緒にいられるしね。お父さんを皆、信じてください。

お母さんへ

お母さんが心配なのは当たり前だよね。

「お父さん、回りの人たちに上手く担がれて調子に乗ってるんじゃない？」とお母さんに思われても仕方がないけれど、俺は素直な気持ちで、山形鉄道を全力で再建したいと「本気」で思っているんだよ。

今の会社が辛いとか嫌だからじゃないんだ。むしろ、上手くいっていて、好きな仕事をさせてくれている。

この前、読売新聞社の社報にも会社の代表として載せてもらったんだよ。別に自慢したいわけじゃなく、これだけ、部下や上司に恵まれた環境なんて他に無い。本当にいい会社なのはよくわかっている。そこを自分の意思で卒業したいくらい、山形鉄道の再建を本気で考えている証拠だと思って欲しい。おそらくこのまま読売旅行で働くのが一番ベストだと思う。そういう安定した人生も有難い。有意義だと十分思う。

でも、綺麗事《きれいごと》かもしれないけれど、元気で気持ちも体力も充実している時に、自分たちよりもっと困った人たちに役に立つ事をしたいんだ。お父さんが駄菓子屋を始めた時は、あくまでも自分の趣味だったよね。そしたら、なんか地元の方たちと仲良くなって、日本全国の人々まで、輪が広がっていった。これってすごい事じゃない？

仕事面でも今、東北6県のローカル鉄道を読売旅行、読売新聞社が一緒になって応援してくれるようになって、ほとんどのローカル鉄道が1回イベントをしかけると約1千名前後、バス30台も集まるようになったんだ。

でもこのまま読売旅行にいると、鉄道の事ばかりはやってはいられない。人事、総務、売上数字などや社員の管理、県外の地域へのバスコースの企画、チラシを作ったり、時間に束縛《そくばく》されてしまう。読売旅行に在籍していては、山形鉄道の再建対策ばかりやっているわけにはいかないんだ。


だから、できればお母さんも一緒に山形鉄道再建のお手伝いをしてもらいたいんだ。駅やホームに花をたくさん植えたり、草むしりをしたり、イベントをやる時には駅でワーゲンバスのカフェや駄菓子屋を開いたりね。

山形鉄道が黒字になるまではお小遣いだって「ゼロ」でいい。きっと黒字にして、子どもたちが望む大きなお家を建て、自分は社会の役に立てる人間になりたいと思います。

皆、お父さんのわがままを許してね。

２００９年３月

お父さんより

追伸

お礼に家族みんなに春休み北海道旅行をプレゼントします。会社員最後の思い出に、フェリーと温泉宿、寝台特急でゆっくり旅をしましょう。思い出をつくろうよ。お父さんがすべておごりますから。

第9章

「終着駅は始発駅」サラリーマン人生から公募社長へ新たなスタート！

紅葉の名所を行く
フラワー長井線
（梨郷〜西大塚）

「公募社長」初出勤の4月1日、びっくり?!　通勤途中に突撃取材！

2009年3月30日。サラリーマン人生最後の日。お世話になった上司や仙台営業所内の所員全員が盛大な送別会を開いてくれました。今までの思い出を語り、ワインや日本酒、焼酎《しょうちゅう》のちゃんぽんで全員赤ら顔。わけがわからなくなっています。

「よう！　社長がんばれよ〜っ」

「絶対廃止になんかすんなよ〜っ！」

「よ〜し、野村をみんなで胴上げしようや！」

山形、仙台時代、ローカル線応援ツアーに一番理解を示して頂いた、当時の中村取締役が音頭をとってくれました。

「わっしょい！　わっしょい！」

天井が近くなったなあーと、体がふぁと宙に浮く。人生初めてのいい気分！　こんな気分はもう二度と味わえないでしょう。

（みんなありがとう！　本当に！　本当に！　読売旅行万歳！　ばんざ〜い！）

幸せだった読売旅行を卒業し、夢心地から一転、私は今、年間約1億円弱の赤字を出す鉄道会社、その新入社員という始発駅に立とうとしています。そして…。

4月1日。エイプリルフール。そう、ウソのような話。私は山形鉄道・フラワー長井線の社長に就任する日。人生でこれほど緊張を味わった日はありません。うれしいとか、やるぞーとか、そういう気分にはなれず、前の晩はほとんど眠れませんでした。むしろ「お前が社長になるなんてウソだった。あれは夢！」って言ってもらった方がどんなに助かるかと本気で思っていたほどです。

本社のある長井駅までは自宅から車で約50分。記念すべき初出勤は現状を知るべく、やはり列車で行く事にしました。列車だと朝6時00分に自宅を出て山形駅まで歩いて30分。奥羽本線の赤湯駅で乗り換え、フラワー長井線で長井到着は7時49分。約2時間もかかるのです。これが現実。でも私は週2回は列車で通う事にしました。どういうお客様が乗車していらっしゃるのか？　運転士や車掌さんはどんな仕事をしているのか？　そしてまず、私の顔や人となりを社員皆に知ってもらう事。これは現場に出向かないと分りません。本社の机にどーんと座っているだけでは分かりません。

と、そんな使命感と緊張感に浸《ひた》りつつ赤湯駅に到着。フラワー長井線のホームに急ぎます。しかし、次なるサプライズが私を襲《おそ》ってきました。小さなホームと小さな車体の傍《かたわ》らにポツンと大きなカメラを担いでいる人が待ち構えています。

「野村さんですね。ご就任おめでとうございます」

カメラには「YBC」という文字が刻まれ、色あせたジーンズのポケットから「山形放送」の腕章？　をぶらさげています。

前にも書きましたが私は「移動駄菓子美術館」などの活動で新聞・テレビの取材はある程度場慣れしているつもりでした。でも今日は特別の日。しかも朝の朝礼では全社員の前で新年度の「期首訓示」をせねばなりません。人前で話しをするのが大の苦手な私。少なくともこの赤湯から長井まで約40分間は、今朝話す内容のシミュレーションをしようと思っていましたし、初日に列車を選んだ理由もここにあったのです。

『山形放送　報道部　奥山　剛』

という名刺を差し出したその記者は、そんな私の心の内など知る由《よし》もなく大きなカメラを近付けて来ます。周りには高校生がたくさん乗り込み、じろじろと私の方を見ては小声で仲間同士でつぶやいています。

「野村さんどうですか？　いまの心境は？」

色褪《あ》せたオレンジ色のスポンジでつつまれた大きな細長いマイク、そう、まるで「秋田名物のきりたんぽ」のようなマイクが私を見下ろすように差し出されます。

（心境？　おいおいもう緊張感でいっぱいだよ！　だれか助けてくれ〜！）

こうして、鉄道会社社長としての第一日目は、取材を受ける仕事から始まったのでした。

4月2日、挨拶まわりで早速レトロタクシー提案

４月１日の夕方は山形県内の民放ほぼ全社で「山形鉄道公募社長就任」のニュースが報じられました。そのたんびに私の携帯が鳴ります。お世話になった友人や知人からの激励の電話やメールです。携帯電話の充電がみるみるうちに減っていきます。

翌朝も鳴りっぱなしです。２日目の出社もあわただしく始まりました。会社に着くと自分の机に座るまもなく、挨拶廻りです。前社長と前専務さんが同行して頂いたからいいものの、普段お会いする事などできない、市長・町長さん、県議会や地元の名士や自治体の担当の方々などと次々に名刺交換します。この２週間だけで配った名刺は約５００枚。

でも嬉しかったのはその半分の方がすでに顔見知りであった事です。読売旅行時代や駄菓子屋イベントの仲間の方たちともう一度関われる。そして私の事を応援してくれる人がいる。それが一番の支えでした。

初対面でしたが特に印象に残った方の一人は、山形鉄道本社近くの、近所の長井中央タクシーの目黒社長さんでした。大変気さくな物腰のやわらい方で、少年のように目がきらきらしています。（失礼）机の上には1枚のパンフレットが置いてあります。クラッシックカーというのでしょうか？　レトロな車が「置賜《おきたま》桜回廊」の名所を走り回り、社長自らが運転手として案内しているようなパンフレットでした。

「じつはよう、この車がよう、まもなく納車するんだよ。日本に12台しかないレトロタクシーなんだべ」

この車は「ロンドンタクシー」といって1920年代製（推定）だそうで、神戸で見つけた貴重な車との事です。名前を「レトロン」と言うそうです。それを目をキラキラさせながら語ります。

「社長さんは本当に車がお好きなんですね？　実は私も1966年製のフォルクスワーゲンタイプII（ワーゲンバス）に乗っているんですよ。もちろん空冷です。そして移動美術館をしていて……と、前専務さんが同席頂いているのを忘れてしまうほど夢中でお話しをしてしまいました。

「野村さんも古い車好きな人だべ？ 気に入った。なんか一緒に楽しい事やるべした」

「そうですね、やりましょう！ レトロタクシー&フラワー長井線で桜の名所を巡《めぐ》るミニツアーなんていかがですか？」

「うん、それはおもしろい！ 野村さん忙しいでしょうから落ち着いてからでいいから……」

「はい、ありがとうございます。今年は販売期間が少ないので来年からでも本格的にやりましょう」

その日は何件か挨拶廻りをしてへとへとになり、帰りも列車を乗り継ぎ、約2時間かけて帰宅しました。

やはり旅行会社時代の企画魂がムクムクと

夜9時に自宅に戻ります。もうすでに家族は夕食を済ませ、子供たちはゲームに夢中です。食べれるかどうかわからないので私の夕飯はありあわせのもので済ませる、というのが我家のルールでもあります。そして一人台所のテーブルでチュウハイをちびちびやります。これが小さな私の至福《しふく》の時間です。

テーブルに小さな箱が置いてあるのが目に付きました。手にとってみると産地直送品の入ったダンボールの小箱で、側面には桃のイラストが印刷してあります。中をのぞいてみると、本物のような小さな桃のお饅頭《まんじゅう》がぎっしり詰《つ》まっています。

「これだ、これだ！　お母さんこのお菓子箱頂戴！」

「え、まだ食べてない……」

「いいんだよ！　箱だけで！　いやすごいすごい！　いいものみつけてくれてありがとう！」

「変な人……」

箱を見た瞬間、缶チュウハイの酔いが止まり、ひらめいた企画がありました。「このアイデア、頂き！」そうです。箱をフラワー長井線の列車に見立て、かわいい産地直送ミニ小箱、つまりその容器に、地元沿線、地域の地場産品やお菓子を詰《つ》め合わせて、「沿線のいいとこ取りお菓子セットを販売しよう！」そう思いついたのです。さらに箱の中に振込用紙や注文書をつけ、情報も発信し、通信販売で全国に売れないか？　そうだ！　何が入っているかお楽しみ「あけてびっくり玉手箱」っていうのもおもしろそうだぞ。観光客の皆さんのお土産にできないか。そんなアイデアでした。

怪訝《けげん》そうなカミさんを背に私は一人で悦《えつ》に入ってしまったのです。

（そうだ！　忙しい忙しいなんて言ってられないぞ！。落ち着いてから企画を立てよう……という発想じゃだめなんだ！。レトロタクシーの企画も即実行。来年じゃだめ！。そしてグッズの開発、マスコミの取材どんどん受けるぞ！）

「最初の一歩を今ふみだせ」

「明日やろうは、ばかやろうだ！」

旅行会社時代の企画魂が一気に発動した一瞬でした。

Ａ４のコピー用紙を２枚、マグネットで冷蔵庫に貼《は》り付け、どんどんアイデアを書き込んでいきます。今回のテーマは、「フラワー長井線お菓子なびっくり箱」と「レトロタクシーとフラワー長井線でめぐるミニツアー」です。

缶チューハイ片手に、思い浮かんだアイデアをイラストや図を使いながら勝手気ままに殴《なぐ》り書きします。本当に大事なアイデアは忘れてはいけないし、メモに書いてそれを無くしてしまう可能性もあるので、自分のパソコンにメール送信しておきます。これはトイレの中、夜眠る前、車の運転中はわざわざ車をとめて会社にメールします。

ほら、昔から良く言うでしょ。「アイデアがひらめく場所は厠《かわや》、枕、馬車の中?」それを実行に移しているだけなんですよ。そして即動く。グッズなら手作りで試作品を作っちゃう。企画だったらチラシのイメージを切り貼りで作っちゃう。そしていろんな人に話しをしちゃう。売上げ目標、数をはったりでかます。自分をどんどん追い詰めていきます。そして動く。（マスコミにうっかり宣言してしまうと、大変効果的なのですが、とてもハイリスクですので、動かざるを得なくなりますしね）（苦笑）

前の方でも書きましたが、私は早朝、風呂の中で本を以前は2時間、今は1時間かけて読みます。これも至福の時間です。

余談ですが、我が家には、ある憲法があります。この朝風呂に入ると２００円の入浴料を支払うルールです。さらに、カミさんの手作り弁当付きだと、トータル３００円になり、机の上の貯金箱に入れます。私の小遣いは社長になったらゼロでいいよと、カミさんに言ってしまった手前、自分で使えるお金はすずめの涙ていどですから、２００円~３００円は実は苦しいルールですが、カミさんとの協定ですから、仕方ありません。

そんな読書タイムも4月からは1時間に減りましたが、私の２００円の朝風呂図書館は健在です。

取材と講演が殺到……でもやるぞ！

こうした多忙な時期をストレスと考えず、エネルギーとしてとにかく突き進む。どんなに忙しくてもやれないはずがない。そして予定表も毎日朝7時から夜0時までびっしり埋《う》まってしまうのですが、不思議と相手様の時間帯とスケジュールがはまっていくから不思議です。その上、さらに週末には「移動駄菓子屋美術館」も開いていたのですから我ながらすごいパワーだなと感心してしまいます。（笑）自分が一番やりたい大好きな鉄道の仕事をさせてもらっているんですからと、自分にそう言い聞かせ、ワクワクした日々をすごし、あっと間に2週間が過ぎました。

その後もアイデアがドンドン浮かび、即実行に移せるものはどんなに忙しくてもやりとげていくつもりです。地元密着のフラワー長井線新聞の発行、高校への出前授業、鉄道の大切さを知って頂くための出前講演、地元の方々の協力で花一杯植えるカム運動（花植え）、記念切符の発行、全社員との個人面談（長い人は4時間）、会議や朝礼の活性化、営業部全員の企画アイデア会議の実施、東北、東京をはじめ、全国の旅行会社への営業、12ヶ月の年間商品企画、テレビ映画会社に対して、フラワー長井線をロケ地として使って頂けるように売り込んだり、年間の数字目標の設定と管理、新聞、テレビ、フリーペーパーのPR、新聞全国版やテレビの全国放送で紹介される戦略（それにともなうアイデア・イベント列車や珍列車、珍記念切符の発行）等々、これでもかとサプライズを巻き起こし、フラワー長井線の名を全国に広めたい、ブランド化したい。オンリーワンの鉄道にしたい。そしてフラワー長井線のすばらしさを知ってもらうために自分の本を全国出版したい。（実はこの件、後で書きます。だって、この本のことですから）それが私の最初の社長としての仕事。「社長の仕事は広報である」と、この4月頃の朝礼では毎日のように話していました。

「目標や夢は紙に書く！」これが私が旅行会社時代から続けてきた事。所員にも伝え続けてきた事です。そしてほとんどが実現してきました。忙しい時ほど紙に書く事を怠《おこた》りがちですが、逆に頭の整理ができ、それぞれの事項に関連性がある事にも気付きます。一つ片付ければ三つ四つ芋《いも》づる式に事が運んでしまった事も多々ありました。

アイデア会議の実施

またおどろいた事に、当社の営業部には今まで売上数字目標というものがあるにはあるのですが、漠然《ばくぜん》としていて全員が共通認識していない様でした。つい最近まで、旅行会社の営業所長として現場を仕切っていた身としては、信じられない事でした。昨年の実績数字さえも社員が十分に把握していない様なのです。これではいけないと早速、営業部長に第一目標と第二目標を決めてもらいました。調べてみるとありがたい事に、４月の数字は前年比１３０％と好調なスタートダッシュを切れています。観光客数単月５千名突破は過去最高記録です。これはすごい数字です。

今まで営業部員は数字関係の事を言われた事がなかったのか、みんなポカンとしています。それもそのはずです。４年前は３５０名しか集まらなかった観光客を昨年やっとの思いで1万7千名まで伸ばしてきたというのに、外から訳のわからない公募社長がやって来て、一年間に3万名とか5万名集めようというのだからたまったものではありません。ちょうど新潟営業所時代、私が当時の数字に厳しい村岡所長に言われた時と同じ状況です。

私も重々、社員の気持ちは分かっていたつもりです。

そんな中、難関と思われたテレビの全国放送も就任後1週間でNHKに「つり革オーナー」（車内のつり革に応援メッセージが記入でき、1年間5千円でそのオーナーになれる制度）の件を取り上げて頂く事ができました。映画、テレビドラマのロケ地としても2社から打診があり、決定しました。さらに、各新聞社の人物紹介欄には公募社長として私の事を多数紹介頂き、それを読んで頂いた企業や団体の方々から講演依頼を頼まれるようになりました。

その事がマスコミに紹介され、また口コミで広がっていきました。相乗効果でしょうか。この2ヶ月間は連日取材や講演が多数舞い込んで来ました。実際マスコミ取材がのべ60件以上ありましたし、講演や会議への参加も50ヶ所以上にのぼりました。

「よし、人の噂《うわさ》も七十五日と言うから、今が一番注目される時。宣伝費ゼロの山形鉄道を売り込む最大のチャンス」と考え、マスコミにプレスリリースを送る実務経験を生かし、週に1回は必ず新聞・テレビでどんな小さい記事でもいいから紹介される事を自分や社員に言い聞かせ、しつこいくらい毎日のように記者クラブにネタをFAX《ファックス》していました。

記者の方から「ウチの新聞は山形鉄道のものじゃないんだよ」と皮肉を言われてしまったほどです。

でも、楽しいんですよ。自分の会社でやった事がマスコミに紹介されるって事が、なによりものご褒美《ほうび》になるのです。

例えば、列車内で会議をする事を提案した社内会議ならぬ「車内会議」や「ロボット駅長」（後で説明します）の事もマスコミに報道されました。「車内会議」は読売新聞の全国版で、また朝日新聞にも全国版の社会面下、「青鉛筆」に掲載されました。

さらにテレビ朝日の「やじうまプラス」という朝の情報番組から生放送中に山形鉄道へ朝7時半に連絡が入り、新聞に出ていた「車内会議」を今すぐ紹介して良いか、と言う打診が入りました。ちょうどこの日、私は午前6時から出社していて、私が直接電話で対応しました。（早起きは三文の得とは良く言ったものですね）

この車内会議は、終点の荒砥《あらと》と、始発の赤湯駅間で（どっちも終点で始発ですが）、54分間の乗車中、33名で行われました。テーマは「フラワー長井線の活性化と置賜《おきたま》の観光について考える」という内容で、ゴールデンウィーク明けの5月15日に実施しました。その車内会議のメンバーから「長井は工業の〝まち〟、ロボットで有名なんだから、ロボット駅長はどうか」と提案があり、5月23日（土）にさっそく実現させました。

この日は長井市恒例の「黒獅子《くろじし》祭り」が開かれた日で、当日私もまちの中で駄菓子屋を出店していたのですが、駅がポツんとあまりにも寂しいので、その日に合わせて長井駅に

「ロボット駅長メガながいき君」を1日駅長として任命したのです。ロボットの駅長は珍しいとの事で、日経新聞と山形新聞、読売新聞でも紹介されました。

そして最大のご褒美《ほうび》は山形放送さんの多大なるご協力のおかげで、日本テレビの「NNNドキュメント09」という番組の中で、私が4月1日から社長として赴任《ふにん》して以来、密着取材して頂いた内容を、ドキュメンタリー番組として全国放送されるというお知らせを頂いた事でした。しかも30分ぶっとおしでフラワー長井線を紹介して頂けると聞いてびっくりしてしまいました。

その前日には県内放送でさらに内容をふくらませて40分番組も放送頂けるという、おまけまでつきました。(実はこの番組は日本民間放送連盟賞テレビ教養番組部門優秀賞に選出されたとの事です)

話は変わりますが、県から2名の雇用補助が受けられる事ができ、ますます山形鉄道にとって追い風が吹いてきました。

しかし、その水面下には良くない話も浮上しつつありました。多忙に任せ一見順風満帆《まんぱん》な時ほど注意が必要です。そんな事は自分ではよくわかっているつもりでした。しかし最近まで平凡なサラリーマンだった人間が、連日取材をうけ講演をし、社長とか先生と呼ばれるようになると、周囲が見えなくなってしまう事も正直ありました。

自分ではそんな気持ちは無いのですが、「自分の考えが正しい」、「自分しか鉄道を再生できない」、と、従来の考え方にどうしても批判的になり、自分でも気付かないうちに社員やパートさんの話に聞く耳を持たなくなってきていたんですね。

しかも、会社の社員のほとんどは、私より10歳以上の年上の社員ばかりです。一回《ひと》りも違う人生の先輩に仕事を頼むのはすごく気が引けます。おまけに、最近まで外から山形鉄道を応援していた駄菓子屋のオヤジが公募とは言え、社長となってトップに立ったのですから、彼らだって私の事を素直に受け入れたいと思うはずなどありません。

よし、社員全員と個人面談するぞ！

こうした4月からの混乱の時期、会合や飲み会の中で、いろいろな方から大丈夫かと、心配頂いたり、私の事について批判めいた意見を頂戴する場面が多くなってきました。

これではいけないと思いつつ、すこしずつ始めていた社員の個人面談を本社のパート社員を中心に急ピッチで進めました。

個人面談をして気付いたのは、それぞれの社員がアイデアや改善策を持っていても、誰に意見を言ったらよいか分からない事。いつこの鉄道が廃止になるかもわからないので、不安でモチベーションがあがらず、どこにそれをぶつけたらいいか分からない事。だったら波風たてずに与えられた事をしっかりやればよい、という具合に消極的にもの事を考えている傾向があるという事でした。

でも一対一で社員と向き合い、話しにきちんと耳を傾けていると、本当はみんな会社を良くしたいと思っている事がわかりました。もっと給料や休みが欲しいという待遇面の愚《ぐ》痴《ち》を多く聞かされるのかなと思っていたのですが、みんな結構いいアイデアを持っていて、本社にいてはわからない努力や工夫をしてくれていると知り、とても心強く思いました。

新しい線路や木の枕木《まくらぎ》からコンクリートの枕木に変えるお金がないので、ぎりぎりの予算内で施設を守る工務部の社員は、自ら毎日、自分の目で線路のゆがみを確認しながら保線に努めてくれています。運転所の運転士兼検修係は高価な車両の部品が購入出来ず、自前で部品を加工して車両の修理もします。ガソリン代の高騰《こうとう》で予算が厳しく、従来の値段の高い業務用洗剤を購入できずに、台所用洗剤を薄めて車両を洗っている、という話も聞かされました。

個人面接中に出てきた涙ぐましい話の一つに、列車内のカーテンのクリーニングが予算不足で十分でない、という問題を聞かされました。観光客がたくさん来るのに汚れが目立ったままでよいのか、という訴えがあり、「お金がないなら、自分たちで洗いたいが、運転所の人員のみでは厳しい。じゃあ、本社の人たちも助け合って皆で洗おうよ」となったのです。

今まで、若い人たちと経営トップとの懇談会はあったものの、何を訴えても、実現しにくかったという意見も耳にし、私は早速、できる事から実践しようと考えました。まず、ボロボロだった制服を、すぐに新しく支給する事にしました。これは本社のパート社員にも新しいデザインの制服を支給しました。

要するに社員どうし（特に本社と現場の）コミュニケーションが少なかったのだと思います。そうなるとお互いにある事ない事の愚痴《ぐち》をこぼしあう。まあ程度の差こそあれ、どの職場でもある話なのですが、やはり放ってはおけません。

私が社長に就任した段階では専務が不在でした。取材や講演、企画、グッズの開発などトップセールスで外に出ている間は誰が社内を切盛りしてくれるのでしょうか？　私が社長・専務・営業部長の仕事や実働部隊、社員の悩みや相談にまで関わらなければならないのです。（だれか助けてください！）

といっても私が社長です。しかも家族の反対を押し切ってこの道を選んだのですから愚《ぐ》痴《ち》は言えません。でもどうしていいのか？

その間にも取材や来客、苦情やアイデアの提供や励ましの電話や講演依頼がひっきりなしに押し寄せてきます。本来は広報担当か総務がするんでしょうが、「社長の仕事は広報」と朝礼で話をしてしまっているので、取材の対応はほとんど私の方に回ってきます。一日に4つの取材を受け、2社の取材対応をホームと会社内で鉢合わせする事なく同時にこなしたりもしていました。（取材陣にはバレていたと思いますが……申し訳ございません）ちょうど6月26日に、取締役会があるので、この時にきちんと今の現状を話し、新しい専務を迎えるか、現在の体制でやり抜くか、この時期は正直悩んでいました。


ほぼ社内全員の個人面談が終わったあたりから、少しずつですが社内の雰囲気が変わってきました。個人面談と並行して4月1日の就任当初から続けていたのですが、週に2回以上は列車で通い、運転士の皆に顔を覚えてもらうついでに、初めて乗り合わせた運転士や車掌さんには缶コーヒーの差し入れをして、軽い世間話をしていました。

さらに週1回は工務部（鉄道のメンテナンスや管理）や運転所に顔を出し、出張に出かけたついでに、他の鉄道会社のグッズやお菓子を自分のポケットマネーでお土産に買って来たりもしてました。

「こんな事で社員の気を引いても無駄だ」とか「物で社員に取り入るのはどうか」と様々な批判も会社の中から聞こえてきましたが、まずはなんでもいいからみんなとコミュニケーションをとる事が最優先と思い、どんなに忙しくてもそれを続ける事にしました。

この文章を書いていて、まさにこれはかつて私が読売旅行山形営業所に次長として赴任した頃の状態に似ている事に気が付きました。私はうかつにも同じ事を繰《く》り返していたのだと思います。

ある時、この本を執筆中、自宅のパソコンプリンターの上に置いてあった、読売旅行時代の宣伝物が目に入りました。冊子型のその表紙には所員が私を取り囲み、笑顔で微笑んでいるイラストがあしわれています。（みんな元気かな？　そうだよな、山形営業所のみんなも初めは俺がみんなを遠ざけていたんだっけな。何でも俺のやり方が一番いいのだと思っていたっけ。最初のうちは実績を出せば出すほど所員は遠ざかっていったっけな。所詮《しょせん》一人でできる事には限界がある。あの時パジャマ姿に革靴で朝礼に立ってから所員のみんなに少しずつ溶け込んでいけたんだっけな。そして山形営業所の従来のいいやり方と私の新しいやり方を融合させて、結果、みんなの力で年商7億から20億の営業所になったんだっけな）と。

イラストの中央に座っている過去の自分が、大丈夫だよと今の私に微笑んでいるようです。まさかまたパジャマ姿で朝礼に出るわけにもいかないので、極力仕事を全員に振るようにしました。そして社員の意見も素直に聞きます。新グッズの開発にも営業部以外の社員に聞いたりするようになりました。

あの、にこりともしなかった、取材にも非協力的だった総務部長が「枕木型のチョコ切符やレールの形の食べレールクッキーなんてどう？」とか言うようになってきました。ありがたい事に少しずつですが皆、私に心を開きつつあるようです。

「記念（祈念）切符会議」

そんな中、6月は新型インフルエンザなどの影響で、観光客が前年に比べ大幅に減少してしまいます。これはヤバイと、営業部の発案で「記念切符」を販売する事でリカバーをするための作戦会議を開きました。

「切符そのものがお菓子。食べれるおかしな切符」「日本一長い硬券《こうけん》で地域貢献《こうけん》（硬券）」「新社長就任記念切符」「絵馬のカタチの合格祈願切符」「卒業証書型の卒業記念切符」「懐《なつ》かしい写真を白鷹の和紙に印刷した同窓会ワシ（和紙）もいくぞ切符」「赤字が消えるペンのおまけ付切符」「全駅17駅（17ピース）の謎《なぞ》の月刊ジクゾーパズル切符」「切符の缶詰」「ひょうたんから駒切符（川西町ひょっこりひょうたん島にちなんで）」「時庭《ときにわ》駅発行の1日乗車券『時には（時庭）長井線に乗ろう乗り放題、しゃべり放題切符』」など、とてもハイレベルな（?）アイデア会議になりました。気付けば読売旅行時代の駄じゃれ会議になっているではありませんか。駄じゃれってやはり伝染するんですね。（笑）

この会議のルールはどんな意見が出ようと①批判しない事。②できないといわない事。そして③必ず発表者に感謝の意をこめて拍手をする事。（これも旅行会社時代のルールでした）今回は私はなにも言わず、ただ会議の冒頭にたったこの3つを発言しただけで、ここまで面白いアイデアが出てきたんだからすごいです。私なんかより社員の方がすごいアイデアを持ってます、すごいです。

そして全部商品化したかったのですが、いちばん分かりやすい「日本一長い硬券で地域貢献（硬券）」を商品化する事に決まりました。えっ長さはですって？「30・5cm」です。何故って？ 長井線の総営業キロは30・5キロ。これを「30・5cm」の切符でつなぐと何枚必要だと思いますか？ 10万枚です。これはなんと長井線沿線のおおよその総人口なんです。

1人1枚1千円切符（旧乗車券）を10万人が買って頂くと1億円です。赤字が解消できます。机上の計算ですが、とても面白いアイデアだと思います。しかも切符にはメッセージや誕生日などの記念日発行も検討したいのです。距離を示すメモリーもついていて、自分がどこの地点を購入したのか地図でわかるようになっています。0000 1から10000まで通し番号もつけます。世界に一枚の切符、みんなでつなげよう30・5キロの切符！　ギネスに挑戦！　これは社員から出たアイデアなんです。しかもメモリ（目盛）付の切符＝メモリー（記念切符）ということで、マスコミやバラエティー番組で大ブレイク？　全国放送になる事、請け合いです！

社長！「つり革が完売しちゃいました！」社員の意識が変わる時

5月下旬。混沌としていた4月とうって変わり、少し会社の空気が変化してきました。本社からは列車が見えるのですが、以前と違って、少しずつ運転士・車掌さんが待ち合わせ時間にホームに出てきてくれ、早朝出勤している私に手をふってくれます。

いつかは、駐車場に入れた私の自家用車のライトがつけっぱなしになっていたのを、運転士がわざわざ本社に伝えてくれたりもしてくれました。私の車は、前にも書きましたが、1966年製の古い車なので度々故障します。そんな時、丁度通りかかった社員が心配そうに声をかけてくれ、応急処置をとってくれたりもしてくれます。

また日曜日に「列車の絵を描きたい」と車庫にいらっしゃったご家族に、運転所長が「列車を車庫から少し出してあげようよ」と、子どもたちが描きやすいように運転士が列車を動かすような光景もあり、ほほえましく思えました。

「アイデアを出したい」と、若い運転士たちが提案をし始めてくれてもいます。「ウチはワンマンカーが主体なので、整理券の裏に大吉とか小吉とかを印刷したおみくじ列車」などのオリジナルなアイデアや、彼等もネットで全国の鉄道の企画を熱心にリサーチしてくれている様です。

フラワー長井線の本社がある長井駅から、運転士のいる荒砥《あらと》駅までは、たった20分です。でも今までその20分の心理的な距離が遠かったのでしょう。でも、何かすこしずつモチベーションが上がってくるのがわかります。そんな5月もあと数日で終ろうとしています。もうすぐ、長井はあやめ公園にたくさんの観光客がやってくるシーズンを迎えます。あやめ公園は、来年で１００周年。長井の歴史を物語る見事な花の公園です。実は、フラワー長井線のシンボルであるフラワーは、この「あやめ」なのです。

「大変です。つり革が２２５本全て完売しちゃいました。社長どうします。明日の全国放送でつり革オーナーの件が紹介されちゃいますよ。売り切れなのに問合せが殺到したらパニックになっちゃいます」

「来年の分まで売っちゃおうか」

という声まで聞えてきます。

また別な話ですが、新入社員の女性が「山鉄かわら版（フラワー長井線新聞）」という手作りの情報紙の試作品を持ってきて、社長どうですかと、提案してくれました。


さらに最近はまちを歩いていると、「頑張れよー」とか、「つり革売り切れちゃったか～」とか、気楽に市民の方が声を掛けてくれるようになってきました。前職の読売旅行のツアーに申し込んだのに日程表がまだ届かないなど、お叱りを受ける事もありますけど(笑)

そして……様々な業種の方から相談を持ち込まれます。特に企画・アイデアや集客方法についてです。一緒に何かできないか？　という提案をしに、わざわざ私に会いに来られる方もいらっしゃいます。これはとってもありがたい事です。

山形鉄道は期待されているんだな、そして地域の皆様にもお役にたてる鉄道になりうるのだな、と実感する一瞬です。

そしてフラワー長井線の応援団がもっともっとたくさん増えた頃、結果としてこの鉄道はきっと黒字になっているはずです。

もちろん、就任後の4月～5月、たった2ヶ月では何も言えた義理ではありません。でも2ヶ月で少しは変わって来たのも事実です。少なくとも社員全員がフラワー長井線って実は……と前向きに考え始めた様なのです。

そして5月30日はついに山形放送で40分、31日は日本テレビの全国放送で社員の頑張りが紹介されます。

「社長！　明日の全国放送は何時からでしたっけ？」

あれほど取材を遠ざけていた総務部長が、一番楽しみにしているのか？　職務に忠実なのか？　そう聞いてくるのです。そして、放送開始前に本社のテレビを真っ先につけたのは総務部長なのでした。

もう一つの「小さな奇跡」

そしてこの時期に前後して、私にまた「小さな奇跡」がおこります。

実は4月に入ってすぐ、長井市の内谷市長が昔勤めていた「ほんの木」という小さな東京の出版社から、「野村さん自身のユニークな半生を本にしませんか？」という打診が入ったのです。私の作ったフラワー長井線のグッズ、駄菓子屋やイラスト展の事、そして社長公募にチャレンジした事などの情報を市長から聞いて、私に興味を持ってくれた編集者の方がいたのです。（恐らく、市長が企画をねじ込んでくれたのでしょう。ありがとうございます）

2008年2月に（40歳の誕生日目前）小冊子絵本の自費出版をしていたものの、今回は夢に見た全国流通の出版社からの話です。ですからすぐにお会いし、いじめられっ子で鉄道オタクだった、自分の幼い頃からの話をあれもこれもさせて頂きました。この本に書いた内容はほとんどその時にじっくりお話した事と重なります。この本は、その時、フラワー長井線を何とかして黒字にし、再生したいと願う私の本心を、自分史を辿《たど》りながら語ったものです。

出版の打診を受け、試しに自分史を書いて「ほんの木」に送りました。その結果、５月19日付で出版依頼企画書が山形鉄道に届き、自分史の原稿を基に、大幅に加筆修正を加え、４月１日から５月31日までの山形鉄道入社２ヶ月間のエピソードも交えて、一冊にまとめる事になったのです。

この初夏からの数か月はものすごく忙しい時期でしたが、何日も、実は徹夜を繰り返して書き上げ、校正もくり返しました。私の夢の一つ、全国の本屋さんで本を出すことが叶うのですから。しかもそれが自分のための本でなく（自分の整理のため、実はすごくありがたかったのですが）山形鉄道のＰＲのための本になる、という事を今、すごくうれしく感じます。

私という人間を知って頂き、フラワー長井線へのご支援ご協力を頂きたい一心で、自分を裸にして書きました。恥も外聞もありませんでした。

山形新聞

山形鉄道の次期社長に
野村氏を選出

27日決定

フラワー長井線を運行する山形鉄道（長井市、若狭嘉政社長）は三日、公募していた次期社長候補者として、読売旅行東北北海道合同企画グループ主任の野村浩志氏(41)＝山形市清住町＝を選んだと発表した。今月二十七日の臨時株主総会と取締役会を経て正式決定する。

赤字経営が続く同社は、増収策の一環として観光利用拡大に力を入れており、観光客誘致などでトップセールスできる人材を期待したい、として次期社長を公募。全国から女性二人を含む八十九人の応募があったが、一次の書類選考で十人に絞り込み、このうち辞退者二人を除く八人について先月二十八日、面接による二次選考を行った。

その際、応募者にはより具体的な長井線の活性化策をテーマにプレゼンテーションしてもらったが、「（野村氏は）最も情熱、熱意を感じた。提案内容も非常に具体的で、皆が求めていたものを持っていた」（選考委員長の若狭社長）という。

野村氏は埼玉県出身で、駒沢大を卒業後、読売旅行に入社。二〇〇四年二月から昨年十月まで山形営業所長を務め、七夕列車やサンタ列車といった企画に携わったほか、個人的にも山形鉄道のイベントを手伝うなど、公私ともにつながりが深かった。

2009年3月4日山形新聞。
公募社長決定の記事。
応募者89人中、全員一致で
野村浩志氏に。

話の港

▽…山形県長井市などを走る「フラワー長井線」を運営する山形鉄道が、列車の中で会議をするユニークな「車内会議」を企画し、モニター運行が15日行われた。

▽…同社は「始発から終点までに時間を区切ることで集中できる」とPR。座席の間に机を置き、スピーカーホンを通して発言する形で、この日は「沿線の活性化」をテーマに約1時間にわたり活発な議論が交わされた。

上、2009年５月16日、読売新聞夕刊、全国版。
下、2009年５月19日、朝日新聞朝刊、全国版。

青鉛筆

▽山形県のフラワー長井線（赤湯―荒砥）を運行する山形鉄道が、走行中の車両を会議室がわりに提供する企画を始め、利用団体を募っている。

▽公募で選ばれた野村浩志社長の発案。このほど実施した実験会議＝写真＝では、参加者から「会議ばかりでなく合コンの会場にも使える」との声が出た。

▽「車窓の景色を見ながら、くだけた雰囲気で会議をすればいいアイデアが浮かびます」と同鉄道。特に忙しい都会の企業に使って欲しいという。問い合わせは（0238・88・2002）。

第3種郵便物認可　朝日新聞　20

三セク鉄道 名物相乗り

脱赤字へキャラバン列車

少子化や車社会の進行に不況が追い打ちをかけ、苦境にあえぐ第三セクター鉄道。東北では、全国35社からなる第三セクター鉄道等協議会に加わる8社＝図参照＝が、「キャラバン列車」をこの冬にも走らせる。各社の名物社員や特産品を他社に「出前」して目新しさを出す狙いだ。山形鉄道では、全国的にも珍しい公募で選ばれた元旅行会社社員の社長が、赤字減らしに奮闘している。（山形総局・八鍬耕造）

「海に面していない阿武隈急行で三陸の海産物を売る。山形のサクランボを北東北で売ってもらう」。キャラバン列車のとりまとめ役をしている阿武隈急行の尾形徹一専務は、具体化に向けて思案する日々だ。

ひらめいたのは昨年11月、東北の三セク鉄道会社が集った飲み会の場だった。「各社の名物をどう使うか。全部使っちゃえと思った」

各社とも乗り気だ。84年に日本初の三セク鉄道として開業した三陸鉄道（岩手県）の成ケ沢孝総務部長は「お互いの地域の良さを東北全域に広めたい」と話す。観光虎舞で有名な釜石駅長の菊池弘充さんは、2月に宮城県丸森町であった会合で、他社と名物を披露しあった。「どこにも面白さ、味わいがある。いいところは採り入れたい」と、今から遠征を心待ちにしている。

東北の三セク鉄道は、全国的に見てもまとまりが良い。07年度、補助金収入などを除いた経常損益は8社とも赤字で、最多は秋田内陸縦貫鉄道の約2億6千万円。過疎地が多く、観光に力を入れる。競合路線がなく、利害が生まれないからだ。

実は、津軽鉄道（青森県）などを含む旅客鉄道14社が加盟する東北鉄道協会がすでに旅行客を紹介しあう「相互送客ツアー」を始めており、好評だ。須東良夫・同協会専務理事は「相互送客とキャラバン列車が共鳴しながらやっていきたい」。

阿武隈急行の尾形専務には、キャラバン列車を将来、東北鉄道協会全体に広げたいという腹がある。「今回は第一歩。ゆくゆくは関東の鉄道会社とも交流していきたい」

尾形、須東両氏に共通なのは、客が少ないというマイナス要因を、視点をずらすことでプラスに変えようという前向きな発想だ。

公募社長 アイデア次々

5月28日、山形県長井市で「フラワー長井線利用拡大協議会」の総会が開かれた。同線を運行する山形鉄道の野村浩志社長は、車両を模した箱を手に「おみやげ便」という新しいアイデアを語り始めた。

「このかわいらしい箱に沿線のいいとこ取りのお菓子をちょっとずつ詰めて車内販売する。注文用紙を入れておけば、その後の販売にもつながる」。テーブルを囲んだ沿線自治体の首長らは真剣に耳を傾けた。

旧JR長井線を引き継いで開業したのは88年。以来赤字が続く山形鉄道は今年初め、「社長公募」という大胆な策に打って出た。映画「スウィングガールズ」のロケ地として5年前に脚光を浴びたが、それでも07年度の経常損益は約8千万円の赤字。黒字化には行動力と意欲がある人材を広く求めるしかないと決断した。そして選ばれたのが、野村社長だ。

旅行会社社員として山形に赴任していた野村氏は、方言ガイドや「日本一なが～いカレンダー」「黒字えんぴつ」といったグッズを提案し、同線に観光客を呼び込んできた。「社長公募」を聞き、悩んだ末に転身を決意。4月からローカル線再生に内側から取り組むことになった。

走る車両内で開いた「車内会議」であいさつする山形鉄道の野村浩志社長

「高校生や高齢者を中心とした市民の足を守るために、観光客を誘致しなければいけない」。そう訴える41歳の社長は、自ら動く。

5月15日には、走行中の車両を会社の会議の場に使ってもらおうという「車内会議」を実験的に開催。そこで提案された「ロボット駅長」のアイデアを、8日後に一日駅長という形で実現した。「企画イベント12カ月カレンダー」を用意したり、協力してくれる沿線住民への感謝を込めたかわら版を準備したりもしている。

「何年かかるか分からないが黒字にしたい」と意気込む野村社長。利用拡大協議会会長の内谷重治・長井市長は「ここには都会にない癒やされる空間がある。野村社長の行動力と情報発信は、フラワー長井線に目を向けてもらうチャンスだ」と期待を寄せている。

東北の第三セクター鉄道

青森　秋田　岩手　山形　宮城　福島

秋田内陸縦貫鉄道（秋田）
開業　86年11月1日（全線開業は89年4月1日）
区間　鷹巣―角館（94・2㌔）
名物や名産　ごっつお列車、サンタ列車、ホタル号

IGRいわて銀河鉄道（岩手―青森）
開業　02年12月1日
区間　盛岡―目時（82・0㌔）
名物や名産　盛岡冷めん、りんご、南部せんべい

三陸鉄道（岩手）
開業　84年4月1日
区間　宮古―久慈（71・0㌔）、盛―釜石（36・6㌔）
名物や名産　観光虎舞、漁師ガイド、こたつ列車

由利高原鉄道（秋田）
開業　85年10月1日
区間　羽後本荘―矢島（23・0㌔）
名物や名産　ビール列車、松皮もち、日本酒

山形鉄道（山形）
開業　88年10月25日
区間　赤湯―荒砥（30・5㌔）
名物や名産　方言による沿線ガイド、黒字えんぴつ、日本一なが～い卓上カレンダー

会津鉄道（福島）
開業　87年7月16日
区間　西若松―会津高原尾瀬口（57・4㌔）
名物や名産　お座敷＋トロッコ＋展望車両の観光列車・ネコの名誉駅長

野岩鉄道（福島―栃木）
開業　86年10月9日
区間　会津高原尾瀬口―新藤原（30・7㌔）
名物や名産　語り部列車

阿武隈急行（福島―宮城）
開業　86年7月1日（全線開業は88年7月1日）
区間　福島―槻木（54・9㌔）
名物や名産　カードマジックや桃、リンゴなどの果物

The Asahi Shimbun

2009年6月2日、朝日新聞「みちのくワイド」で特集。公募社長の奮闘ぶりが記事に。

授業を行う山形鉄道の野村浩志社長（左）　＝南陽市・南陽高

上、2009年６月18日、山形新聞。南陽高校で野村社長の出前授業。
下、2009年７月13日、山形新聞。車内誕生会。

長井線存続へ 知恵続々

山形鉄道社長招き出前授業

南陽高

フラワー長井線を運行する山形鉄道の野村浩志社長(41)を講師に招いた出前授業が17日、南陽市の南陽高（佐竹俊明校長）で行われた。アイデアマンとして手腕を発揮する野村社長と一緒に、生徒たちも長井線存続のため知恵を絞るユニークな授業が繰り広げられた。

昨年秋、同校の情報会計科で山形鉄道を調査研究テーマに選んだ3年生が、県高校生商業研究発表大会で優秀賞に輝いた。今年の3年生9人が研究を受け継いで8月末の東北大会に出場することから、出前授業の話が浮上。山形鉄道側も通学利用の高校生に鉄道の大切さを知ってもらおうと快諾し、野村社長初の出前授業を行った。

旅行会社勤務から転身、全国的にも珍しい公募で今春トップに就任した野村社長は、各地のローカル鉄道の歴史をひもときながら「もし鉄道がなくなると通学が不便になり時刻表の路線地図から街の名も消える」と強調。黒字経営を目指し発案した数々のグッズを紹介し、生徒からもアイデアが続々と出されるなど、笑いも交えながら和やかに授業が進んだ。

授業後、野村社長は「高校生は〝お得意さま〟。卒業してからもフラワー長井線を支えてもらうため理解を深めてもらういい機会になった」と手応えを感じた様子だった。

列車の中でお誕生会

フラワー長井線　初企画、小学生がテスト乗車

ケーキやプレゼントも

フラワー長井線活性化策の一環として、同線を運行する山形鉄道（野村浩志社長）は新たに「車内お誕生日会」を企画した。家族や友達同士などのグループで車内の一角を〝貸し切り〟にしてひと味違った記念日を楽しんでもらおうとの狙いだ。

5月に打ち出した「車内会議」に続く野村社長の企画で、発案は奥さんだという。対象が小グループなので、1両すべてを貸し切る訳にはいかないが、「ファミリーレストランで店が誕生日を祝ってくれるイメージ。ほかにお客さまがいても大丈夫だと思う」と野村社長。

29日にはテストケースとして山形市内の小学生とその友達ら11人が赤湯—荒砥間で誕生日会を楽しんだ。車両の一角を飾り付け、長さ60㌢のケーキを準備。山形鉄道から誕生日限定の乗り放題パスや駄菓子の詰め合わせなどをプレゼントし、抽選会などのイベントで盛り上がった。自宅と長井線の間は、長井市内のタクシー会社が導入したレトロバスで送迎した。

野村社長は「親子4人ならボックス席1区画で間に合う。長井線の分だけなら、赤湯—荒砥間の乗車券やケーキ代など込みで子ども1人千円程度のパックにしたい」と話している。

長さ60㌢のケーキを見て歓声を上げる子どもたち

お菓子なびっくり箱

フラワー長井線おみやげ便

（９月現在試作中）

詳しくは山形鉄道にお問合せ下さい。電話0238-88-2002

①フラワー長井線グッズ
「フラワー長井線ランドマップ」
②「黒字えんぴつ」
③沿線２市２町のお菓子が４つ
④沿線情報誌「山鉄かわらばん」
⑤あけてびっくり玉手箱の箱（箱そのものがグッズ）

沿線のお菓子屋さんと一緒に企画しているのがこの玉手箱。
地域の特産品を入れ、ＰＲグッズとして販売予定。

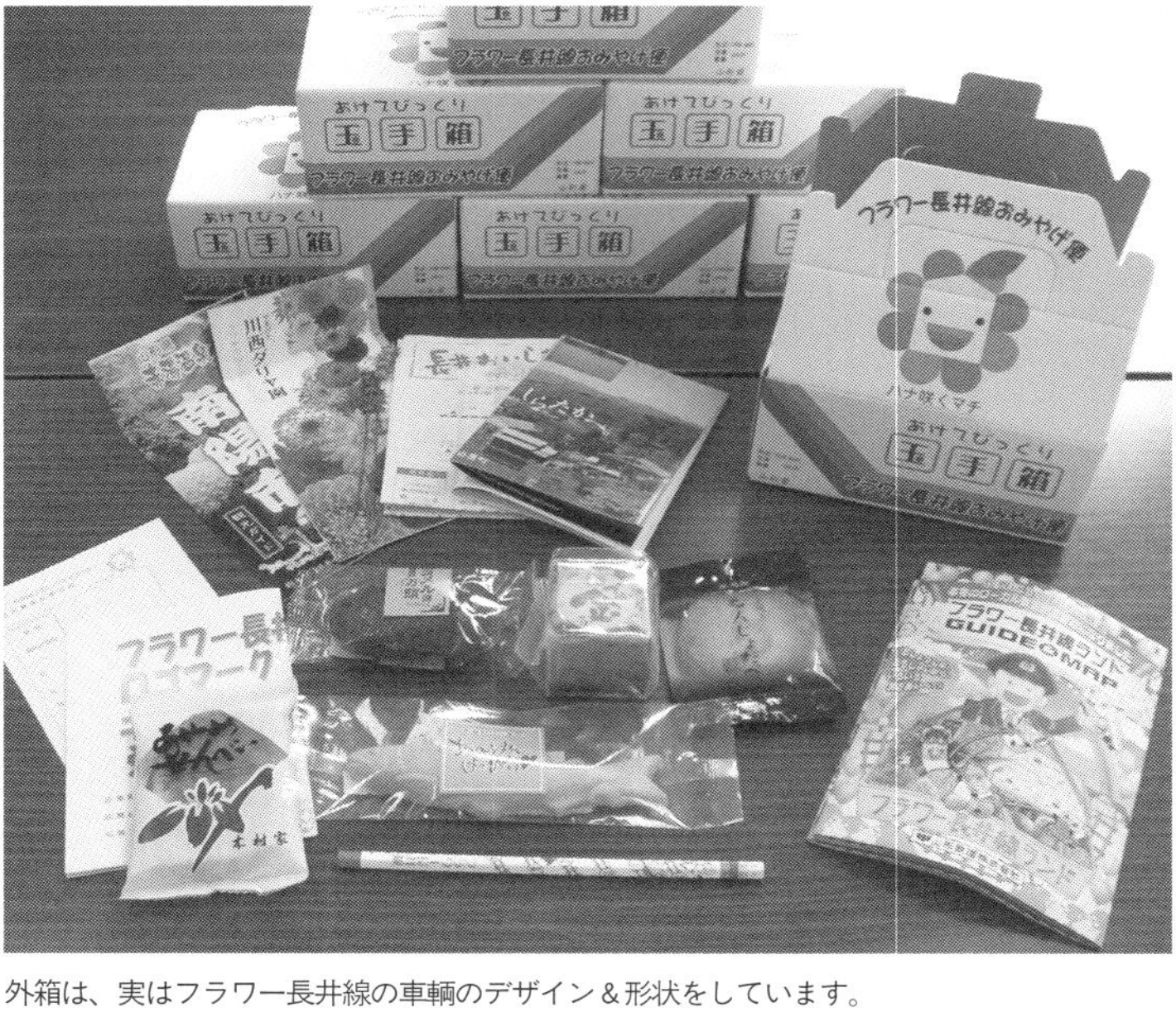

外箱は、実はフラワー長井線の車輛のデザイン＆形状をしています。
これも野村流アイデア。

最終章

山形鉄道未来への提言「フラワー長井線は地域の宝」

豪雪でも元気に走る
フラワー長井線
（羽前成田～白兎）

鉄道が廃止されたら「まち」はどうなる

社長就任まもない頃、山形県立南陽高等学校で「出前授業」を行いました。時刻表の地図（コピー）を生徒に配ると、「あれっ、フラワー長井線が消えているよ」そう、わざと修正液で路線を消しておいたのでした。鉄道が廃止されると、人々が認識する地図上からまちの名前が消滅してしまいます。

「鉄道なんか廃止にしてバス転換にすればいい」という考えもありますが、バスだと定期代が確実にアップします。割高で定時制（定刻運行）が保てないバスの利用者は減ってしまい、結局、自家用車送迎に頼らざるを得なくなるのです。以前から鉄道に乗らなかった人にもマイナスの影響をおよぼす羽目になり、最終的には公共交通の全廃につながってしまいます。そのような「まち」は、物理的に住宅や商店街は存在していても文化的には「まち」と呼べません。「みんなは、仙台や東京の大学に行ってしまうかもしれないけど、自分が住んでいた〝まち〟が地図から消えてしまったらどう思う？……」ここまで話すと、ほとんどの高校生は「はっ」と息を飲みこんでしまいました。

フラワー長井線黒字化に向けての第一歩

最盛期は１４０万人もの乗車人員を誇っていたフラワー長井線。現在の乗客数は、76万人前後に落ちこんでいます。主な原因は「車社会」と「少子化」の影響であるというのはご承知の通りです。それではどうしたらこの鉄道を存続させる事ができるのでしょうか？これには主に二つの方法があります。

一つは、全く新しい客層である「観光客」を連れて来る事です。そう、フラワー長井線を「観光鉄道化」する事が最優先課題です。実際、２００７年7月7日から2日間で、観光バス約30台、人員にして約１３００名の七夕イベント列車を走らせ、地元の皆様のご協力で成功させた経験があると前述致しました。これを契機に、この時期から私は、旅行会社の立場から、多様なイベント企画やアイデアを山形鉄道へ提案し、これまで観光とは無縁だったフラワー長井線を観光化する協力活動を、全力でやって来ました。

その結果、２００５年度は３６５名しか訪れなかった観光客が沿線の皆様、各自治体の皆様のお陰げと山形鉄道全社員の頑張りで、２００８年度には1万7千名と、３年間で約

46倍に観光客数が増加しました。その間、2007年度の運輸収入が、前年度を上回った事もあり、他の鉄道会社が、減少する一方であった運輸収入を、観光収入により下げ止めたという事は全国でも驚異的な例であると言われます。このフラワー長井線が、首都圏から新幹線赤湯駅でダイレクトに繋《つな》がっているのも大きな強みでもあります。

そのため、私の前職が旅行会社勤務だったせいか、就任直後、マスコミ各社に「フラワー長井線を観光鉄道化に」という切り口で私の方針が紹介されました。もちろん重点施策の一つでもあるのですが、これはあくまでも「手段」なのです。昼間や週末の学生が利用しない空いている時間帯に、全国から観光客を呼び込み、増収を図る。しかし本当の「目的」はその収益で市民の足を守り、鉄道を存続させる事なのです。

もう一つは、本業と関連する「新ビジネス」を展開し、売れる鉄道グッズを開発する事です。ここでは、すでに商品化している売れ筋商品を再び紹介しましょう。なんといっても一番人気は「日本一なが～いカレンダー」です。長井線という線名にちなみ、長さ約2メートル以上もある「なが～い」ところがウリのカレンダーです。沿線風景のイラストや写真、方言による案内文も付いています。現在まで、約2万冊、売上にすれば1千万円にもなる大ヒット商品に成長しました。

次に、今は品切れになってしまった伝説の「左うちわ」という商品を紹介します。お金が自然に入る事を俗に「左うちわ」と言いますよね。これを掛けて、「あなたのおかげで左うちわ」という文章を方言ガイドの朝倉君が自筆でうちわにあしらったものを販売。数量限定商品の為、即完売してしまいました。

この2つ商品の面白いところは、「真夏でも売れるカレンダー、冬でも売れるうちわ」という逆発想から生まれた商品だということです。そして「このグッズを買って頂いたらフラワー長井線もあと2年いや3年は生きのびっから存続のためにも買ってけろ！」と車内の方言ガイドでやるもんですから、その気持ちがお客様の琴線《きんせん》に触れ、ほとんどのお客様が購入してくださっています。

その他の商品としては、芯《しん》の3分の1が赤、3分の2が黒で「早く赤字を削って黒字にしよう」という縁起ものの鉛筆（縁筆）その名も「黒字鉛筆」という商品や「方言ガイドイラストマップ」などの人気グッズがあります。

これらのグッズは、私が旅行会社時代、山形鉄道の成澤前専務とお酒を飲み交わし、冗談を言い合いながら出てきたアイデアを「とにかくやってみなさい」と若狭前社長の温かいお言葉を頂いたおかげで商品化できたものばかりです。本当にありがとうございました。

商品の詳細は山形鉄道のホームページまたは、ほんの木にお問い合わせください。これらを車内販売や、全国に通信販売をするのです。通販の流れが軌道に乗ってきた段階で、沿線の地場産品を中心とした置賜の物産も売る。山形鉄道が広告塔となり「山形鉄道ブランド」で売り出したい。地域の観光や産業を鉄道でつなぎ、地元に貢献したいと考えています。

実際、就任後、前述しましたが「フラワー長井線お菓子なびっくり箱」を売り出しており、当初は観光客用に販売する予定であったものが、地元の方々がフラワー長井線を応援したいと言う事で、発売開始後５００箱も即売してしまいました。本当にありがとうございます。

以上、2点を徹底的に伸ばし、将来、独立した事業本部をつくれるほど、増収をはかって行きたいと思っています。

「お前は、旅行会社出身だから観光客を連れてくるのは何とかイメージできるが、通販事業の経験はあるのか?」と言われそうですが、前職の読売旅行は、まさに「旅の通信販売業」であり、毎月2回、ダイレクトメールを顧客に送り、そのノウハウや広告宣伝法にも熟知しているつもりですので、多少の経験はあります。

現に、千葉県の銚子電鉄がそれをやってのけています。銚子電鉄の作戦は、「ぬれせんべい作戦」です。かなりマスコミに露出されていたため、ご存知の方も多いと思います。簡単に言えば、経営困難な銚子電鉄が車両の修理費も捻出《ねんしゅつ》できないほど、資金が底をついてしまい、赤字で廃止目前になってしまいました。そこへ、若い社員が自社のホームページに「助けてください。車両の修理費がないんです。ぬれせんべいを買ってください！」と全国発信したところ、それがネットの2ちゃんねるや多くのインターネットのサイトや口コミで広がり、特に全国放送のテレビに出たりして大きな話題を呼び、せんべいが全国的に通販で売れに売れ、廃止を免《まぬが》れたという話です。

もちろん、インターネットや地域のメディアに取り上げられる戦略だけではこうは行かないでしょう。全国新聞やテレビのニュースなど、全国ネットでの露出も含め、何かやはり全国メディア向け仕掛けが必要なのだと思います。

でも、この作戦はいいヒントになります。山形鉄道フラワー長井線も、乗車運賃の他、全国への通信販売も視野に入れるべきです。地元の2市2町の特産品の通信販売、顧客のリストを作る仕掛けをする。おいしくて、何度も食べたくなるものならば繰《く》り返し購入して頂けるリピーターになります。売上と利益も予測がつき、地域の生産物の売上拡大となり、加工品やそれらを生産する雇用も増やせます。今の時代、もちろん、安心安全な品質管理が前提ですが、それも視野に入れています。

花をたくさん植えよう！　これじゃ「フラワーが無い線？」

この「ぬれせんべい作戦」はなかなか面白い企画です。現に岩手県の三陸鉄道や岐阜県の明智鉄道なんかも「せんべい」を売って、少しでも赤字幅を圧縮すべく努力し、そこそこ効果もあるようです。

でも、私が思うに「柳の下の二匹目のどじょう」のような気がして、どこの鉄道でも、いつもせんべいをやれば成功するとは限らないと思うのです。銚子はご存知の様に、日本で有数の醤油《しょうゆ》の生産地です。せんべいを焼くには味のよい醤油が不可欠です。

「ぬれせんべい」を食べてみると、香ばしい醤油の味がせんべいの生地にうまく絡《から》み、少し柔らかで、歯の弱いお年寄りでも食べられます。それにとても美味しいのです。「銚子＝醤油＝せんべい」というイメージングと、「お願いです、濡《ぬ》れせんべいを買ってください」という訴えと、ストーリー性が心に響き、その上おいしいし、せんべいは日持ちもするので通販に向いています。

その上、お客様の共感をくすぐったのだと思います。さらに、また食べたくなって、また通信販売で注文する。つまり何度もお客が離れない、なかなか良く考え抜かれたリピーター型特産品です。

鉄道だからといって、切符だけ売っていれば済む、という時代ではありません。まして、ただ観光客が来てくれればうまくいくというわけでもありません。

こちらのフラワー長井線沿線には花の名所がたくさんあります。シーズンごとに南陽市の「バラ」と「菊」、川西町の「ダリア」、長井市の「あやめ」、白鷹町の「こぶし」などが咲くのです。お隣りの飯豊《いいで》町には「ゆり園」もあります。そして4月下旬には一斉にこの置賜全体に桜の花が咲き乱れます。このあたりは「置賜《おきたま》さくら回廊《かいろう》」といって、ＪＲ東日本が力を入れた桜の名所がたくさんあるのです。

でも肝心の駅やホームや沿線の風景には花がほとんどありません。今でこそ、鉢植えなどが置かれ彩《いろど》りが良くなってきたのですが、せっかく一度訪れても、観光にまた来たいと思ってもらえるフラワーではありません。

これでは、「フラワー長井線」ではなく「フラワーが無い線」だね、とよくいろいろな人に言われました。私は、最初あまり気にならなかったのですが、なるほど、実際、乗車してみると、本当に駅舎やホームにも沿線にも、花がほとんど植えられていませんでした。

地元の人にそう思われていたら、まして観光客は感動体験できません。

　フラワー長井線は、名前の良さを生かし、やはりこの観光と「花」にこだわった作戦が一つの良い方法だと思います。特に季節ごとのリピーターの観光客誘致や平日の日中や土日祝日、高校生の利用客の少ない時間帯には、女性観光客がピッタリです。女性は美しい花やアートが好き。思い出に残る美しい場所がお気に入り。あとはおいしいグルメや温泉と魅力のあるおみやげです。

　フラワー長井線の切り札は、将来、そのネーミングを生かして、花がビジネスチャンスの一つになりそうです。例えば、グッズを売るにしても、せんべいじゃなく「花」にこだわったものがいいと思います。

　それと、今の時代は何といっても消費者ニーズは安心と安全、ナチュラル指向。添加物や農薬、化学物質、遺伝子組み換えなど、体にリスクのあるものは避《さ》けたいものです。消費者=観光客は敏感です。また、雪のシーズンの冬に、いかに観光客を呼ぶか、これも大事な課題です。近隣の温泉地もスキー客の減少などもあって、冬は苦戦していると聞きます。冬にフラワー長井線にお客さんをたくさん呼べれば、置賜全体に大きなプラスとなるでしょう。

沿線住民に愛される「フラワー長井線」をめざします

「乗って残そう運動」はどこの鉄道会社もやっていますが、現実は厳しいです。利便性やスピードという点で車にはかなわないからです。乗ってもらう前にまず鉄道に関心をもってもらいたい。駅に立ち寄って欲しいと思います。

というのも、私が社長へ就任したばかりの頃、ＪＲ赤湯駅のホームに立っていると「あの鉄道は何？　どこに行くの？」と奥のホームに1両でポツンと停車していたフラワー長井線の気動車を指さす乗客がいました。地元の方々はともかく、悲しいかな、長井線はどこから乗ってどこまで走っている鉄道なのか、知らない山形県人が実に多い事に気付かされました。

これはまずいと、就任後はまず広報活動に全力を注ぎました。その結果マスコミに延べ60件以上紹介され、少しは認知されるようになって来ました。

最近はありがたい事に「山鉄を応援したいが、なにか応援する方法がないものか」という声をよく聞くようになってきたほどです。そこで私は、高校や公民館へ積極的に出向き、鉄道の便益や新しい鉄道の活用法、たとえば列車内の「車内会議」や「車内宴会」などを提案しモニター運行を試みました。評判も上々で、地元客からの貸切列車の申し込みが急増し、7月もお蔭様で、「生ビール列車」のご協力を5団体から頂きました。そして前述した、山形鉄道社員のがんばりをもう少し、オープンにすべきだと思います。

「安全第一」「お客様第一」「社員全員がセールスマン」というのが私の基本方針。社員からの発案で今年からはじめた「1本5千円つり革オーナー」も地元の方々の多大なるご協力と社員の営業努力ですべて完売しました。さらに、自社で手作りの情報誌「山鉄かわら版」を発行して、顔の見える地域に愛される鉄道を目指したい、これも社員から出たアイデアです。

あれこれ考える前に即行動です。「明日やろうはばかやろう」です。鉄道会社はサービス業です。「自分たちの給料はお客様や沿線の住民の皆様から頂いている」という原点を忘れず、社員と地元との皆様一体という気持ちで、フラワー長井線の活性化、黒字化に私は努力を惜《お》しまないつもりです。

私の任期は2年。(再任もあり得ますが) その間に観光客を年間5万名に増やす事が私の役割です。そして、鉄道の大切さを少しでも多くの住民の皆様にご理解頂く事、それが私

の最大の使命だと思います。鉄道は地域の宝。山形鉄道の将来はここ2年間にかかっているといっても過言ではありません。

最後になりますが、私は小さい頃「いじめられっ子」でした。いつも一人ぼっちでさびしい時は鉄道を見に行っては、電車の絵を描いていました。いわば、鉄道に救われたのです。今度は、その鉄道に恩返しをしたい。フラワー長井線で小さな成功事例をつみあげ、首都圏に、全国に成功事例を作り上げ、置賜地域から東北地方全体のローカル鉄道の活性化のみならず、日本の赤字鉄道にお手本となるような仕事を示し、地方の活性化、地域の再生、日本の元気にお役に立ちたいと思っています。

2009年７月13日号「日経ビジネス」36〜37ページに載った。「赤字線をディズニーランドに」という構想を語ったもの。

特集

山形鉄道

赤字線をディズニーランドに

旅行会社の再建屋が「3駄作戦」で挑む――野村 浩志氏

地元企業の「車内会議」を議論

ピーク時の半数に減少した
山形鉄道の乗車人員推移

新幹線の駅に接続し、温泉地もある

あとがき「線路と夢は続くよ〜♪どこまでも〜♪」

「ひろしくんはなぜ電車が好きなの？」と、近所や親戚のおばさんに小さい頃よく質問されました。正直私もわかりません。いじめられっ子だった私は、鉄道が好きで好きで好きでたまりませんでした。鉄道は心を許せる友だちでした。

もし、「前世」というのが本当にあるのなら、私は鉄道員であったのだと思います。もしくはその時代に、これから鉄道を敷こうとしていた経営者であったのかも知れません。20代までの私の人生は、「いじめ」「挫折」「転勤」など辛い事の連続でした。どうして自分だけがそうなのかいつも悩んでいました。

でも、こう思えたのです。もし自分の使命が最初から決まっていたら。最初からローカル鉄道を再生し、日本中の鉄道を救う事が私の使命だとしたら、全てのつじつまが合ってしまうのです。それらは全て現在の私の活動への布石であったのだとは考えられないでしょうか？

私がいじめられたのも、一人ぼっちの方が鉄道に乗ったり、絵を描いたり、本を読み文章を書いたりする時間がたくさんあるからだったのかもしれません。そして新潟へ飛ばされたのも、飛行機コースを担当して全国に仲間をつくるためだったのですね。山形は……経営能力への勉強と、もちろん2市2町の心やさしい人たちと、山形鉄道に出会うためだったのでしょう。

そんなばかな？　と皆さんは思うでしょう。これは非科学的な話です。でも真実かもしれません。だったらそう信じた方が私は自分の人生がすべて輝いて見えるようになると思います。

そう、人生はオセロゲームみたいなものなのだと思います。過去の辛い人生を「黒」とすると、ある一コマで一気に「白」＝幸せな人生、に変わる瞬間もあるのだという事を最近、感じて来ています。

それはまさに、小さな奇跡です。駅前で駄菓子屋をしていた私が、その鉄道会社の社長になってしまうぐらい不思議で、滑稽《こっけい》な話なのかもしれませんが。（笑）

「偶然は必然です」そして私の一番大好きなものは＝「鉄道」です。一番嫌いな事＝「人前で話をする事」です。

実はこの、好きなものと嫌いなものを併せ持った仕事、生き方が自分の使命だという事に、自分の過去を整理しながら、この本を書かせてもらったおかげで気づかせて頂きました。

この二つは鉄道でいえば両輪のようなものです。そして列車の終着駅（向かう目的地は）は、「仕事を通して、人の役に立てる生き方をする事」です。

そう、私の使命は鉄道の大切さと良さを、日本中の、そして世界中のみなさんに伝えていく事なんですね。

とくに廃線相次ぐローカル鉄道を救いたい。そのために、全国を走り回りながら日本中の人に語りかけたい！　これが本当の私の永遠の夢なのかもしれません。

私の夢の旅は今、始まったばかりでまだ終りがありません。なぜって？　線路と夢はどこまでも続いているのですから……。

謝辞

　私はバーベキューをするのが大好きです。みんなでワイワイやるのもいいのですが、猫の額《ひたい》ほどの我が家の庭（車庫?）で一人静かにビールを飲みながらやるのも、またなんとも心地が良いのです。そして、お気に入りの食材をゆっくり炭火で焼く。これまた、なんともいえない至福の時間です。
　バーベキューをするには準備が結構大変です。火をおこしたり、うちわで煽《あお》ったり、……でも、実はこの作業が私は一番好きです。

　大学生の時、川崎市の多摩川の河川敷で初めて炭に火をつけてみました。簡単に火がつくと思っていたのですが、これがなかなか大変で何度チャレンジしても炭に火がつきません。焚《た》き付けのために、ちり紙や新聞紙を燃やすのですが全く炭に火が回らないのです。女の子二人を招待していたので、男の意地で必死になってうちわを煽《あお》ぎ、四つんばいになっては「ふーふー」息を吹きかけます。しかし、新聞紙の燃えカスがむなしく吹き飛び、顔にへばり付く始末。しかもポツポツ雨まで降り始めました。

「うげ～っ、ゴホン～っ、ちくしょう！　最悪！　俺、家戻ってカセットコンロ持って来るから橋の下で雨宿りしていてね」

なんとも格好悪いですね。大失態です。30分後その現場に戻ってみると、何と女の子二人が美味しそうに肉を頬張《ほおば》っているではありませんか？　天気までもが私を小馬鹿にしているようで、すっかり晴れ上がっています。

「あれっ、どうしたの、どうやって火をおこしたの？」

「えっ、ウチら、なにもしてないよ。早く食べたいから何となく肉を網の上に並べておいたら、何となく煙が出てきて、火が少しずつ広がってきたのよ。あっごめんなさい先に食べてて……」

一見なんでもない光景のようですが、私にしては衝撃的な出来事でした。いまでもその場面を鮮明に覚えています。


私の人生はまさに「バーベキューの炭火」のようなものです。マッチで火をおこし、必死で火をつけようと努力する姿は中学生時代そのものです。あきらめて代案を考えてガスコンロを持って来るところなんかは高校・大学受験で志望校に落ち浪人した時代。カセットコンロを抱えて橋の下に戻って来たら自然に火がついていた、という何となく楽しかった大学時代……。

今はどうかというと、バーベキューの火をつける事が好きで自然体でできてしまいます。

地域再生・まちおこし・観光振興・鉄道の活性化を語ると、金がない、人がいない、観光資源がない、やれ政治が悪いなどという言葉をよく耳にします。

でも本当にそうでしょうか？

確かに、地域で組織を立ち上げ頑張っている方々もたくさんいらっしゃいます。それで成功している方々ならいいのでしょうが、ほとんどが努力空しく、「無い無いづくし」を言い訳にあきらめてしまうのです。せっかく「火」をつけたのに実にもったいない話です。

私は一人で絵を描いていました。その絵を「移動美術館」という形で、フラワー長井線の駅前で一人得体の知れぬ活動として始めました。とくに努力もしませんでしたし、協力者も望みませんでした。自分で仕掛けた事でしたので、実に楽しかった。

そうしたら自然と人が集まってきました。気がついたらこの活動を手伝ってくださる方がたくさん現れました。またその方々も「手伝ってやろうか」と押し付けがましい事を一切言わず、ウソみたいなのですが空気のように現れたのです。

正直いえば、この移動美術館を立ち上げ、運営するのにもかなり経費がかかっています。

車自体、中古とはいえ改造費、塗装代や車検代、昭和レトログッズもなんやかんやで看板1枚で2万円前後しますし、中には値段は言えませんがお宝級のものを譲《ゆず》って頂いた事もあり、おそらく私のコレクションを売りさばけば結構な額の値がつくと思います。

手伝って頂いた方には謝礼も差し上げましたし、文字通り移動式の美術館なものでガソリン代や高速道路代、家族で行くとすれば宿泊費だってかかります。でもこれも自分で絵葉書をつくったり、毎年自費製作で自分のカレンダーを製作し、わずかな利益を活動費用にあてていました。そして、絶妙なタイミングで私の師となる人が現れ、夢を具現化してくださる方々に出会えました。その事に大変感謝しています。

書くときりがないのですが、初のギャラリー列車を実現させてくれた函館朝市のおやじさん、初めての移動美術館の展示場所を紹介して頂いた文昇堂印刷の渡辺社長、同じ鉄道好きでフラワー長井線とつながる最初のきっかけを作り、仕事の上でも山形鉄道を応援してくださった前読売新聞山形支局の井上支局長、いささか強引でしたけど、念願の講演する機会を与えてくださった「ナイスさかた」の設楽《しだら》編集長、どっちが駄菓子屋の店主か間違われるほど、この活動にご協力して頂いた沖津さん、私が思い望んでいるイラストを的確に具象化し、マップや絵本の挿絵《さしえ》を描いて頂いてる佐竹さん、皆さんに本当に感謝しています。

このように、「カネ・ヒト・モノ」が最初はゼロでも、そこに「火」をつけ、無理なく自分の志を熱く、自然に楽しくやっていれば、ドンドンその火が広がっていくのだと私は実体験として感じています。奇麗事《きれいごと》のように聞こえるかもしれません。でもそれが私はこの本の中で一番お伝えしたかった事なのです。

「奇跡」は起こるものでなく、「起こす」ものです。それは「偶然」ではなく「必然」です。なぜなら、もうそこには、たくさんの「炭」があなたが火をつけるのを待っているからです。また、「火」がついていてもそれに気付かず、あわててうちわで煽《あお》ってしまっては、不完全燃焼になってしまいます。あせらず、楽しく最初は少しゆっくりと。

いつか、口コミやマスコミという大きなうちわがきっと煽いでくれます。

これが、私の小さな奇跡の起こし方です。

中学時代、できそこないの私を誉《ほ》めてくださり、自信を与えてくださった担任の間沢先生。新入社員時代、社会人としての心構えと経理の仕事をみっちり教えて頂いた高柳先輩。新潟時代かわいがって頂いた野村所長・奥様。(我々夫婦の仲人でもあります）旅行業の基本を独特のユーモアで叩《たた》きこんで頂いた古川先輩、売り上げの伸ばし方と企画術・交渉術を伝授してくださった村岡所長・橘田《きった》次長。大変厳しい上司でありましたが、私を営業所長にまで育ててくださいました八木所長、私が山形営業所長時代ご面倒をおかけいたしました、故佐藤本部長、山形~仙台時代私に「ローカル鉄道応援ツアー」などを積極的にご理解、協力頂いた当時の上司、中村取締役。10年前から別の営業所であったのに私の事をかわいがってくださり、最後の1ヶ月、仙台でご一緒させて頂いた大宮部長。

また、特に、本文で紹介させて頂いた以外にも多大なるお世話をして頂きました読売旅行の鎌倉前会長・土井会長・巣瀬《すせ》社長・役員の皆様。開設まもない山形営業所にご支援ご協力を頂きました山形県読売会の三浦前会長・鐘下《かねした》会長・各読売会の皆様、読売新聞社や関連グループの皆様、各観光関係の皆様、山形県をはじめ自治体の皆様。

その他、私が勤務していた読売旅行の大宮営業所・新潟営業所・山形営業所・仙台営業所の皆様をはじめ、全国の読売旅行の社員の皆様、ご協力ありがとうございました。心より厚く御礼申し上げます。

そして、この本を発刊するきっかけをくださった山形県長井市の内谷重治市長、本の出版という人生に1回あるかどうかの私の夢を叶えてくださり、また本の編集の他にも地域再生、地方鉄道の活性化についてのアドバイスや環境問題や政治などについてのレクチャーをして頂いた㈱ほんの木社長の柴田敬三さん、誠に自分の師のように思えます。今後もご指導をよろしくお願いします。ともあれ、この原稿を書き上げるのに社長就任後数ヶ月でおこなったため、連日徹夜を重ね、ほんの木のスタッフの皆様や、デザイナーの渡辺美知子さんには、大変ご迷惑をおかけいたしました。

そして、何よりも私をこの世に誕生させてくれた父・母、いつも身勝手な行動をかげながら応援してくれている妻の文代、えっちゃん、なっちゃん本当にありがとう。

そして、最後までお読み頂いた、全ての読者の皆様には改めて心より感謝を申し上げます。

最近長女の笑《えみ》が手紙を書いてくれましたので、その内容を紹介させて頂き、筆を置かせて頂きたいと思います。ありがとうございました。

家族のみんなへ
いつも、栄ようのあるご飯を作ってくれたりわからないプリントとかを教えてくれたりしてくれてありがとう。
お父さんも、いままで仕事をがんばってくれてありがとう。
4月からは山形鉄道の仕事で、がんばってお金をかせいでね。

お祝いの言葉

「野村さん、出版おめでとう。そして地域のために、ありがとう」

山形県・長井市長　**内谷重治**

野村さん、念願の出版おめでとうございます。40歳になるまでに全国流通の本を出す夢があったそうですが、少し遅くなりました。でもついに実現しましたね。よかった！

突然の企画のお願いにも関わらず、野村さんの人柄にほれてくださり、また、数々の実績、さらに、それらの背景となっているユニークな半生に注目し、出版に踏み切ってくださった出版社「ほんの木」さんに深く感謝申し上げます。

きっとこの本から野村さんの人物像のみならず、フラワー長井線への共感や応援が広がり、第三セクターの苦労や困難さの実情がより理解されるものと思われます。また、地域の再生に大きなヒントを与えて頂いた感じがします。

そして、全国からの社長公募という思い切ったご決断をされた、前社長の若狭嘉政さん、前専務の成澤栄一さんの、未来を見据えたチャレンジに、心から御礼を申し上げたいと思います。また、同じく、公募をご了解くださった、山形県と沿線2市2町の関係者の皆様、そして山形鉄道取締役の方々の鉄道存続への強い想いにも頭のさがる気持ちで一杯です。

この本は、フラワー長井線の沿線にお住まいの市民の皆様方、全国の鉄道ファン、観光関係や地域の再生に日々汗を流す方々、旅行関係で仕事をされている方々、そしてこの置賜を訪れる観光客の皆様に、ぜひお読み頂きたい、とても面白い、ユニークなエピソードにあふれています。また、山形鉄道の社員・スタッフ、2市2町の職員の方々にも、ぜひ目を通して頂ければと思います。

公募社長の応募者89名の中で、満場一致という高い評価で野村浩志さんが選ばれました。その他のご応募くださった88名の方々にも、この場をお借りして心から御礼を申し上げます。誠にありがとうございました。

そして、選ばれた野村さんが提出された30ページに渡る、フラワー長井線の再建計画のどのプランもが、「これならおまかせできる。再生可能だ」との期待と確信を、私たちに与えてくださいました。誠にビジョンと夢のある、しかも実践的な裏付けのある企画ばかりでした。

この山形鉄道株式会社、フラワー長井線は、2008年秋に20周年を迎えました。第三セクターという大変経営の難しい企業をこの間、守り支え、そして多くの努力を重ねて存続させてくださった歴代経営者の皆様、そして目に見えぬご苦労を日々の仕事で果たしてくださっている社員、ご関係者の皆様には、御礼の言葉もありません。沿線2市2町の市民として、また家族もふくめ、この鉄道を利用してきた者として、さらに、山形鉄道㈱の取締役の一人として心より感謝を申し上げます。

車社会、少子化の中で主たる乗客である高校生の数も減少の一途を辿《たど》っています。一方、地球温暖化対策の中で、公共交通の持つ有用性はますます高まってきました。フラワー長井線の年間8000万円にのぼる赤字構造からの脱却。また、今後生じる予定の老朽化《ろうきゅうか》する車輌の交換、安全対策の万全化、また高齢化や観光客対応を見据《みす》えたエレベーターの設置等でのバリアフリー化。懸案は多いのですが、しかし黒字化しない事には、資金も、基金も足りません。野村さんの経営手腕を大いに期待し、観光鉄道への活用や、売れるグッズ作り、地域の物産販売や通販等、斬新《ざんしん》な企画を私たちも心待ちにしているところです。

特に、前職の読売旅行での高い実績と観光のエキスパートとしての見識と手腕には、大いに可能性を感じています。全国各地で、第三セクター鉄道が苦戦し、また、まちおこし、地域経済の再生と自立についても、観光開発が国の一つの指針ともなっています。その成功事例となれるよう、私たち長井市も全力で、フラワー長井線存続と野村新社長の経営改革をバックアップしてゆくつもりです。

聞くところによりますと、4月1日の社長就任以来、90日間で約60回の取材を受け、全国メディアや、この山形県内の新聞・テレビ等に登場されたとの事です。これは画期的なプロモーション効果と思えます。本当にありがたいスタートとなりました。

最後になりましたが、野村さんご自身がそうであったように、この本が毎日、小さな心を痛めつけられている全国の「いじめられっ子」の子どもたちへの癒しと励まし、支えの本になりますように心から念願します。また、フラワー長井線に乗車する高校生や、次の世代の中学生、小学生の皆さんにも、ふるさと置賜《おきたま》の中で生まれ育つ事の素晴らしさを感じてもらい、さらに山形鉄道を支える献身的な大人たちがたくさんいるのだ、という事実を、いつまでも忘れないで頂きたいのです。

何より就職難の時代に、ご自分の生活リスクを省みず、ご家族の心配を乗り切って応募してくださった野村さんに、改めて心から感謝を申しあげます。涙あり、笑いあり、感動ありの人間ドラマとしての野村社長の生き様は、単行本として十分に面白い出来上がりになっていると思います。全国の読者の方々がこの本を通して、山形県、置賜2市2町、そしてフラワー長井線にご注目頂き、足を運んでくだされば幸いです。

フラワー長井線の存続は置賜全体にとっての、私たちの世代からの、未来世代への責任です。観光を中心とする地域再生への貴重な交通機関となれるよう、大いに私たちも乗車し、活用し、全国各地から人々をお呼びし、フラワー長井線を支えてゆきたいと思います。

最後になりましたが、何卒、山形鉄道と野村浩志社長へのご支援を改めて心よりお願いし、出版へのお祝いの言葉に代えさせて頂きます。誠にありがとうございました。

（2009年7月25日）

【山形県】トヨタカローラわがままフェスティバル(山形ビッグウイング)
山形ナショナル電気展示会（鶴岡・酒田・米沢・山形各会場）
あつみ温泉湯のまちひな祭り（あつみ温泉）
東北学生音楽祭（川西町フレンドリープラザ）
ドラマチックえびす市（米沢市）
あのねのねコンサート（宮内駅）
【宮城県】JR鳴子駅ギャラリー展
細倉マインパークレトロ展（栗原市）
住宅リフォームフェアー（仙台）
【福島県】JR駅カフェの美術展（七日町）
会津若松夏祭り（七日町商店街）
【新潟県】新日本海フェリー洋上絵画展
蒲原鉄道冬鳥越スキー場の絵画展（五泉市）
新潟交通月潟駅かぼちゃ電車の美術館（旧月潟駅）
新潟五泉労働金庫の絵画展（五泉市）
【東京都】都電荒川線路面電車祭り（東京）
東京湾クルーズのレトロ展（東京）
【静岡県】静岡小学校色鉛筆であそぼう（静岡市）
【愛知県】豊橋鉄道ギャラリー電車
博物館明治村レトロ電車の絵画展
【石川県】読売忘年会（和倉温泉加賀屋）
【京都府】宮津ロイヤルホテル絵画展
加悦鉄道の広場鉄道まつりの展示会
【兵庫県】ホテル姫路プラザ絵画展
【鳥取県】NHK鳥取放送局ロビー展
【広島県】中国電力広島絵画展
【島根県】一畑電気鉄道ギャラリー列車
NHK松江放送局ロビー展
【山口県】中国電力山口絵画展
【高知県】土佐電気鉄道ギャラリー電車
【福岡県】JR門司港駅レトロ電車の絵画展
【熊本県】熊本電鉄なつかし電車の絵画展
【長崎県】長崎ちんちん電車の美術館

※他に多数実績あり。紙面の関係で省略しています。

「移動美術館」を実施した場所（都道府県別）

【北海道】函館ちんちん電車の美術館
【秋田県】秋田ふるさと村絵画展
【岩手県】テレビ岩手のロビー展
【山形県】フラワー長井線ギャラリー列車
山形しあわせ銀行絵画展
山形中央郵便局ふるさと列車の絵画展
山形竹田幼稚園のロビー展
元気市場たかはし（山形市）
羽前小松駅スタンプラリー（川西町）
フラワー長井線昆虫格闘列車（長井駅前）
24時間テレビ協力イベント（河北町）
フラワー長井線祭り（宮内駅）
大江町文化祭（大江町）
フラワー長井線東北学生音楽祭（長井市民文化会館）
鶴岡マリカ感謝祭（鶴岡駅ビル）
東北電力展示会（山形ビッグウイング）
ながい雪あかり回廊（長井駅）
長井市フットパス祭り（長井市）
ハイジアパーク南陽まつり（南陽市）
青空がやがや市（長井市中央商店街）
ゆかたでワンナイト（長井市タスパークホテル）
住宅リフォームフェアー（山形ビッグウイング）
「駄菓子屋学校」（JR寒河江駅前）
なごみの里夏祭り（山形市）
24時間テレビ協力イベント（読売新聞寒河江）
高畠町クラッシクフェスティバル（高畠町）
よねおり観光センター秋のふれあい祭り（高畠町）
川西さなぶり祭り（川西町）
新庄中央商店街鍋まつり（新庄市）
FM山形中古車祭り（山形ビッグウイング）
山形PR秋のフリーマーケット（山形市）
山形駅西口味まつり（山形駅西口）
大の目蛍まつり（山形ビッグウイング）
霞城セントラル夏まつり（山形駅前）
霞城セントラル昭和レトロ展（山形駅前）

●1995年、しかし、超お得意様の接待旅行の海外添乗（オーストラリア）中、45名分の航空券を落とす。

●1996年、拾って頂いたのがその会社の奥様。会長の逆鱗に触れ新潟営業所に飛ばされる。退職を決意したが、彼女（今のカミさん）に３ヶ月間だけと説得され新潟へ。転勤先の先輩、後輩も親切。食べ物・お酒も美味しく地方生活をエンジョイするようになる。

しかし、念願の企画担当になるも１本たりともコースを出せない月あり、肩身の狭い思いする。

●1997年、格安の「長崎ハウステンボスツアー」が大ヒット！「安売りの醍醐味」を感じる。

●1998年、新潟営業所の所長・次長が一気にかわる。

数字に厳しい所長と人づきあいでどんどん実績を上げる次長に感化される。自分でも飛行機コースのヒットを多数飛ばし、募集旅行では地域ナンバーワンクラスの団体航空券発券実績。

●2001年、実績を買われ（？）平社員から一気に山形営業所次長へ昇格転勤。

この頃から函館市電を皮切りに、全国の駅舎や車内で絵画展を実施。

●2004年、開設間もない山形営業所を３年で年商15億まで伸ばし所長へ昇格。

●2004年、移動美術館を立ちあげるものの、展示場所見つからず。

●2005年、移動美術館をスーパーの駐車場で実施。

●2005年、移動美術館に「駄菓子屋」も併設。長井駅前で実施。有名企業からも声かかる。

このころから、フラワー長井線沿線の方々と親しくなり、長井線を始めとする「ローカル線応援ツアー」を仕掛ける。地域おこしや地域再生に関心をもつ。

●2006年、はじめての講演。その後講演を多数依頼される。

●2007年、独自のチラシ術を習得「駄じゃれ」で年商20億を達成。

●2007年、読売旅行貸切臨時列車（フラワー長井線七夕列車）で、２日間で1300名、バス30台を集客。趣味の「鉄道」と「仕事」が結びつき、ライフワークとなる。（したいと思う）

●2008年、会社に新事業を提案するも悶々とする日々。

12月25日に山形鉄道社長公募がマスコミで発表される。

●2009年、山形鉄道公募受けるか悩む日々。

●2009年、公募で選ばれ、４月１日山形鉄道株式会社社長に就任。

駄目人間　野村浩志年表

●小学校３年、いじめられっ子。
●中学１年、地理の試験学年１番。
●中学３年、体育以外オール５、学年１位の成績。
しかし、高校受験すべて落ちる。
●高校時代、男子校・趣味・鉄道のりつぶし・ひたすらイラストを描いては雑誌に投稿、全て採用される。
でもやっぱり、大学受験もすべて落ちる。
●1986年、浪人時代、予備校行かず、そのお金で親に内緒で日帰り小旅行を重ねる。
●1987年、駒沢大学文学部地理学科入学。
しかし、大学に行かず、ビル清掃・学習塾講師のアルバイトに没頭、月25万は稼いでいた。そのお金で日本全国の鉄道を乗り歩き、ほぼ完乗する。

その体験を塾の授業（地理）で話し、「駄じゃれ」授業で生徒の心をつかみ志望高校に全員合格させる。教材づくりや教える事の楽しさから中学校の社会科教師になることを決意。

しかし、教職の単位足らず、あえなく教師の道を断念。
●1989年、自分とはなにか？　恋愛とはなにか？　自分探しの旅に出かけ北海道をさまよう。
その旅で世界をまたにかける運命の人、旅行会社の社員と出会う。

失恋の悲しみを振り切る勢いもあって難関の一般（現在は総合）旅行業務取扱主任者試験（８科目）目指す。「旅行会社に就職するぞ！　これぞ自分の天職！」
●1990年、一般（現在は総合）旅行業務取扱主任者試験わずか３ヶ月で合格。
●1991年、（株）読売旅行入社。資格も取ったし、これからは「エリート街道まっしぐら！」しかし、経理業務を命じられ会社を３秒で辞める覚悟。
職場になじめず、またひとりぼっち状態。昼食もひっそり市役所の食堂ですます。されど、添乗員の仕事は楽しく、とりあえず１年間は頑張ることを決意。
●1992年、経理のおばちゃんの「アメとムチ」教育で経理に少し関心を示す。上司にかわいがられ酒の席によくつきあわされる。仕事も覚え信頼され、営業の仕事も任されるようになる。この頃から色鉛筆でローカル鉄道をモチーフにした風景画を描きはじめる。

プロフィール

野村浩志（のむら　ひろし）

1968年２月21日、埼玉県越谷市に生まれる。駒澤大学文学部地理学科卒業。

４歳の頃より鉄道のイラストを描き続けている。小学校から大学在学中までに日本全国の鉄道をほとんど乗り歩く。大学卒業後、㈱読売旅行に入社。

2001年、函館朝市で知り合った人物の紹介で函館市内を走る路面電車内で絵画展を開催。以後全国各地を走るローカル鉄道の車内、駅舎、銀行のロビー、公共施設など38都道府県で絵画展を実施。

また休日を利用し軽ワゴン車をワーゲンバス風に改造した「移動美術館」の館長として活動中。親子孫３世代が楽しめる展示物として、イベントの主催者の方々からも高い評価を得ている。

これらのイベントで知り合った特にフラワー長井線沿線の方々とのネットワークが広がり、フラワー長井線との関わりが強まる中で、開業以来20年間赤字を続けている山形鉄道の黒字化のために汗をかく事を決意。その後そのフラワー長井線（山形鉄道株式会社）の 社長公募に応募し2009年４月１日社長に就任。ライフワークは鉄道を中心とした「街と鉄道を観光でつなぐ」活動。それを全国に広げるため、現在奮闘中。

【現職】山形鉄道株式会社　代表取締役社長

野村浩志さんへのお問い合わせは
「ほんの木」までお願いいたします。
●講演会
●ワークショップや「野村塾」
●駄菓子屋出店　など

本書へのご感想もお待ち致します。
（本にはさんである、ご愛読者ハガキもご利用下さい）

なお、著者は2009年10月より、観光集客の手法、
売れるチラシの作り方、何も無い所に人を呼ぶ方法
などの「野村塾」を長井で開校する予定です。
詳しくは「ほんの木」にお問い合わせ下さい。

株式会社 ほんの木
TEL 03-3291-3011
FAX 03-3295-1080
メール　info@honnoki.co.jp

〒101-0054　東京都千代田区神田錦町3-21
三錦ビル

私、フラワー長井線「公募社長」野村浩志と申します

2009年10月10日　第1刷発行
2012年7月24日　第4刷発行

著者 ―― 野村浩志
プロデュース ―― 柴田敬三
編集・制作 ―― ㈱パン・クリエイティブ&柴田敬三
発行人 ―― 高橋利直
業務 ―― 岡田承子
営業・広報 ―― 野洋介
発行所 ―― 株式会社ほんの木
〒101-0054　東京都千代田区神田錦町3-21　三錦ビル
TEL 03-3291-3011 FAX 03-3291-3030
郵便振替口座　00120-4-251523 加入者名　ほんの木
http://www.honnoki.jp
E-mail info@honnoki.co.jp

印刷 ―― 中央精版印刷株式会社

ISBN 978-4-7752-0071-1

ナチュラル・オルタ
第1期全6冊

各1冊 1,575円（税込）送料無料　B5サイズ 80頁オールカラー
6冊セット購読割引 8,400円（税込）送料無料

医師や栄養士など、医療と健康の第一線で活躍する専門家が毎号登場する人気のシリーズです。

1号

「なぜ病気になるのか？」を食べることから考える

病気にならない食べ方、食事で高める免疫力、自然治癒力。症状別の有効な食べ方、加工食品の解毒・除毒の知恵など、正しい生活から病気予防の方法をご紹介いたします。

2号

胃腸が決める健康力

体に溜まった毒の排出、正しい食習慣、ストレスを溜めると胃腸力が弱るのはどうして？ 薬や病院に頼らないで自然に癒す、自然に治す生き方、考え方、暮らし方を胃腸力から考えます。

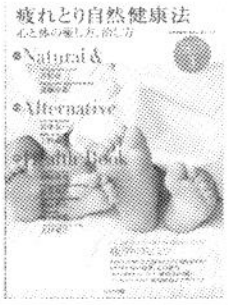

3号

疲れとり自然健康法

体の12の癖、心と体の癒し方、治し方、疲労回復の総特集。体の疲労、心の疲労などさまざまな視点から疲労を捉え、その疲労を代替療法や免疫力・自然治癒力で治すための本。

4号

つらい心を㋐軽くする本　ストレス、うつ、不安を半分にする

病院や薬に頼らずストレス、うつ、不安を克服する特集。ストレスのもとを断つ、うつな気分を解消する、心の病に働きかける代替療法など、気持ちが軽く、スーッとなる一冊です。

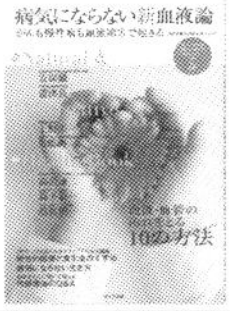

5号

病気にならない新血液論　がんも慢性病も血流障害で起きる

がんも慢性病も血流障害で起きる！ 長生きのための新血液論。血液をサラサラにして血行をよくするためのさまざまな方法を、血液・血管に詳しい医師の話を中心にまとめました。

6号

脳から始める新健康習慣　病気の予防と幸福感の高め方

病気予防と幸福感の高め方など正しい脳とのつきあい方、人生を豊かにする脳の磨き方、脳を健康にする食生活、今の時代に適した脳疲労の解消方法などを医師・専門家に聞きました。

ナチュラル・オルタ
第2期全6冊

各1冊 1,575円（税込）送料無料　B5サイズ 80頁オールカラー
6冊セット購読割引 8,400円（税込）送料無料

1期に引き続き、テーマと内容を変えて登場！
病気にならない自然治癒力、免疫力を高めるシリーズ。

7号

体に効く「治る力・癒す力」

自分の体を自分で守る7つのキーワード、誰もが気になる老化、ぼけ、がんの予防＆チェックなどあなたの知らない体の異変を察知して、しのびよる「病い」を予防する方法の特集。

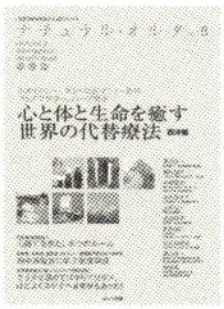

8号

心と体と生命を癒す 世界の代替療法 西洋編

ホメオパシー、フラワーレメディー、アロマセラピーなど西洋を起源とするナチュラルな代替療法の中で特に関心の高い、人気の療法について特集。安全・安心の基準についても考えます。

9号

ホリスティックに癒し、治す 世界の代替療法 東洋編

漢方や伝承民間療法、伝統食、郷土食にもすぐれた、お金のかからない、誰にでもできる健康法がたくさんあります。こうした生きる知恵を体系的に整理して紹介します。

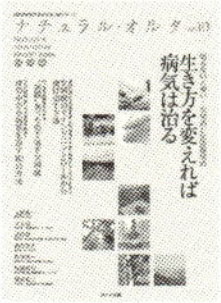

10号

生き方を変えれば病気は治る

検査、薬漬け医療はあくまでも対症療法であり病気の根本的解決にはなりません。またストレスや働きすぎが多くの病を作り出しています。文明病や生活環境病についての疑問に答えます。

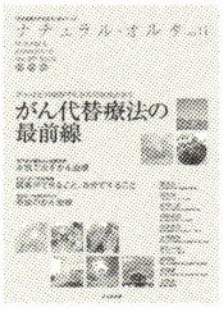

11号

がん代替医療の最前線

がんは生き方の偏りがつくる病気、がんへの恐れががんをつくる…。「がんとは何か」という問に様々な回答が寄せられています。「がん」とどう向き合うかを考えます。

12号

代替医療の病院選び全国ガイド

1冊まるごと144件の代替療法の医療機関のガイドブック。画一的医療を越えた、患者主体の医療など、医師と病院の写真が付いた、すぐに役立つ医師・医療機関の紹介ガイドです。

お問い合せ　ほんの木　TEL.03-3291-3011 FAX.03-3291-3030
〒101-0054 東京都千代田区神田錦町3-21 三錦ビル

空がこんなに美しいなら

ひびきの村代表 **大村祐子著** 定価 1,680 円（税込）送料無料 A5 判 176 頁 オールカラー

シュタイナー思想を生きる共同体「ひびきの村」代表、大村祐子さん書き下ろし！

シュタイナー思想を生きる共同体「ひびきの村」の四季折々の美しい写真と、著者の珠玉のエッセイが織りなす「生きることの賛歌」。子を持つ親、若者たち、そして、同世代の悩み多き道を歩む人に贈ります。

大村祐子/96年より伊達市にてシュタイナーの思想を実践する「ひびきの村」を主宰。

昨日に聞けば明日が見える

ひびきの村代表 **大村祐子著** 定価 2,310 円（税込）送料無料 四六判 368 頁

**「人の使命とは？」
「生きることとは何か？」
その答えがきっと見つかります。**

シュタイナーの7年周期説をわかりやすく解説。「なぜ生まれてきたの」「運命は変えられるの」などへの疑問とあなたの人生の意味がきっと見つかります。

わたしの話を聞いてくれますか

ひびきの村代表 **大村祐子著** 定価 2,100 円（税込）送料無料 四六判 288 頁

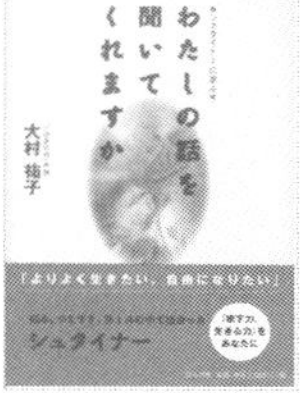

すばらしい内容で涙ボロボロ！この本1冊でどんなに深くシュタイナーについて学べるかわかりません。

迷い、葛藤の末に出会ったシュタイナー思想。42歳で子どもと一緒にアメリカへ留学、シュタイナーカレッジで過ごした11年間を綴った感動と共感のエッセイ。